10 Lições sobre
MERLEAU-PONTY

Dados Internacionais de Catalogação na Publicação (CIP)
(Câmara Brasileira do Livro, SP, Brasil)

Caminha, Iraquitan de Oliveira
   10 lições sobre Merleau-Ponty / Iraquitan de Oliveira Caminha. Petrópolis, RJ : Vozes, 2019. – (Coleção 10 Lições)
   Bibliografia.

   1ª reimpressão, 2022.

   ISBN 978-85-326-5956-9
   1. Fenomenologia 2. Filosofia francesa
3. Merleau-Ponty, Maurice, 1908-1961 4. Percepção (Filosofia) I. Título. II. Série.

18-19993   CDD-194

Índices para catálogo sistemático:
1. Filosofia francesa   194

Cibele Maria Dias – Bibliotecária – CRB-8/9427

Iraquitan de Oliveira Caminha

10 Lições sobre
MERLEAU-PONTY

EDITORA
VOZES

Petrópolis

© 2019, Editora Vozes Ltda.
Rua Frei Luís, 100
25689-900 Petrópolis, RJ
www.vozes.com.br
Brasil

Todos os direitos reservados. Nenhuma parte desta obra poderá ser reproduzida ou transmitida por qualquer forma e/ou quaisquer meios (eletrônico ou mecânico, incluindo fotocópia e gravação) ou arquivada em qualquer sistema ou banco de dados sem permissão escrita da editora.

CONSELHO EDITORIAL

Diretor
Gilberto Gonçalves Garcia

Editores
Aline dos Santos Carneiro
Edrian Josué Pasini
Marilac Loraine Oleniki
Welder Lancieri Marchini

Conselheiros
Francisco Morás
Ludovico Garmus
Teobaldo Heidemann
Volney J. Berkenbrock

Secretário executivo
Leonardo A.R.T. dos Santos

Editoração: Elaine Mayworm
Diagramação e capa: Sheilandre Desenv. Gráfico
Revisão gráfica: Alessandra Karl
Arte-finalização: Editora Vozes
Ilustração de capa: Studio Graph-it

ISBN 978-85-326-5956-9

Este livro foi composto e impresso pela Editora Vozes Ltda.

Sumário

Introdução, 7

Primeira lição – Vida e obra, 15

Segunda lição – Fenomenologia e existência, 23

Terceira lição – Percepção e corpo próprio, 31

Quarta lição – Motricidade e comportamento, 40

Quinta lição – Expressividade e alteridade, 49

Sexta lição – Linguagem e pensamento, 58

Sétima lição – Silêncio e mundo sensível, 67

Oitava lição – *Logos* e estética, 76

Nona lição – Sentir e subjetividade, 85

Décima lição – Carne e ontologia, 93

Conclusão, 101

Referências, 107

Introdução

Proponho ao leitor um texto que pode servir de referência para se introduzir na maneira de filosofar proposta por Merleau-Ponty. Estamos falando de um filósofo que faz de seus estudos uma interrogação permanente sobre o sentido primeiro de nossa condição de ser no mundo pelo corpo. Sou grato ao Prof. Dr. Flamarion Tavares Leite pela oportunidade de apresentar algumas reflexões de Merleau-Ponty sobre tal interrogação. O objetivo é explorar alguns conceitos-chave de seu pensamento, interligando-os ao seu projeto filosófico de reabilitação do sensível.

A Filosofia sempre tendeu a considerar a experiência perceptiva como coadjuvante na elaboração do conhecimento. De uma maneira mais radical, ela adota a posição de que a percepção atrapalha o conhecimento. Seguindo os passos de Descartes, já se tornou tradição dizer que os sentidos nos enganam. A cultura filosófica dirige sua atenção para a atividade intelectual, cognitiva ou racional. A percepção, que nos dá acesso ao mundo em sua presença sensível, é desvalorizada em detrimento do mundo claro e evidente, que nos é revelado pelo uso da racionalidade.

Contrariando a concepção filosófica que nos conduz para um pensamento elaborado ou construído sem equívocos, Merleau-Ponty toma como ponto de partida o nosso corpo, o qual nos faz estar no mundo sem qualquer ideia preconcebida. É por meio da percepção que temos um contato direto com o mundo a partir de uma perspectiva primordial. Foi pensando, desse modo, que Merleau-Ponty busca recuperar a percepção como contato originário com o mundo por meio do corpo.

Ao situar o sensível no centro de suas reflexões filosóficas, Merleau-Ponty não procura adotar uma postura irracional. Ele não abandona radicalmente o projeto iluminista de tomar o *logos* como referência para o nosso pensar e agir. Todavia, ele quer nos mostrar que o elemento primordial de nossa existência é a percepção. É nesse contexto que destacamos seu esforço de pensar o primado da percepção e suas consequências filosóficas.

Nós não podemos alcançar a essência da percepção sem recorrer à condição de que somos corpos que percebemos. É nessa perspectiva que as pesquisas de Merleau-Ponty desenvolvem o sentido primeiro de sermos no mundo pela nossa condição existencial de corpo que percebe. Do ponto de vista empirista, a possibilidade de considerar que o corpo percebe intencionalmente não tem qualquer sentido porque ele é simplesmente um sistema de órgãos que reage mecanicamente aos estímulos sensíveis do mundo ambiente. De um modo similar, segundo a tradição intelectualista, o corpo é somente um ser material que não pode levar em conta nada porque é sempre a consciência que, em última análise, realiza a experiência de perceber. Em compensação, considerando que nosso corpo é um "corpo-cognoscente", que nos garante certa maneira de conhecer antes de ser tratado como um corpo objetivo, podemos pensar a existência de um tipo de capacidade reflexiva derivada de nossa sensibilidade (MERLEAU-PONTY, 1992a, p. 357). Assim, "antes da reflexão da mente sobre o corpo, há uma reflexão do corpo sobre si mesmo". Sob esse ponto de vista, o corpo expressa uma maneira particular de se projetar e de existir da qual ele mesmo é uma estrutura existencial situada no fenômeno do aparecer (WAHL, 1961, p. 412).

A abertura original para o mundo pela percepção se faz pelo nosso corpo, que dá às situações de fato um valor existencial. Nosso corpo é o lugar onde se entrelaça uma multidão de movimentos que constituem um sistema de comunicação com o mundo. Esse sistema não é "um feixe de correlações objetivas", mas, fundamentalmente, "um conjunto de correspondências vividas" (MERLEAU-PONTY,

1992a, p. 236). O corpo participa da totalidade do acontecimento de instauração da percepção, transformando a realidade física em realidade vivida e assumida. Merleau-Ponty quer descrever, aqui, a encarnação de um sentido nas coisas que está fundada em uma comunhão íntima de nosso corpo com nosso meio sensível. Para ele, nosso campo perceptivo é um campo existencial. Isso significa que percebemos algo porque dispomos de uma série de condutas do corpo que se mobiliza em direção ao mundo como um sistema de potências preceptivas.

Na nossa visão, a essência da experiência perceptiva é a abertura para o aparecer das coisas mesmas que se mostram, caracterizando-se, finalmente, como aproximação à distância. Se a experiência de perceber implica uma proximidade daquilo que aparece para encontrar a coisa percebida, essa experiência nunca encontra o que aparece de uma maneira plenamente determinada. É verdade que não podemos falar da percepção sem a dimensão da presença daquilo que aparece; presença essa que caracteriza a experiência de perceber em sua especificidade. É por essa razão que a experiência propriamente perceptiva é aproximação no sentido em que ela é encontro ou contato com as coisas mesmas. Em compensação, a presença daquilo que aparece não é um conteúdo objetivo e perfeitamente determinado, como se fosse possível, a partir da experiência perceptiva, separar o percebido de sua encarnação sensível para pô-lo como um objeto dado de uma maneira transparente.

Dar ouvidos aos apelos do corpo pode ser considerado um esforço de buscar novos caminhos para a Filosofia. Esse esforço deve ser considerado num contexto de alguém que viveu intensamente os efeitos das duas grandes guerras. Renovar a Filosofia é a expressão do desejo de se renovar. Merleau-Ponty vai a Husserl não somente em busca de uma filosofia rigorosa que suspende todas as certezas já elaboradas para buscar as essências como expressão da verdade. Ele visa reaprender a ver o mundo pelos caminhos da *Crise das ciências europeias e a fenomenologia transcendental*, que não propõe o abandono das ciências, mas valorizar o mundo-da-vida (Lebenswelt).

Merleau-Ponty se enveredou pelas trilhas indicadas por Husserl para construir sua filosofia na tentativa de superar o idealismo transcendental em seu sentido radical. Por esse caminho, o sujeito da percepção é o corpo e não uma consciência transcendental ou desencarnada. A consciência continua sendo tema da filosofia de Merleau-Ponty, mas agora como projeto do mundo-da-vida. O pensador não pode ser refém de idealizações distanciadas do horizonte de suas próprias vivências e das vivências dos outros. O resgate das experiências vividas significa a recuperação do corpo em contato com o mundo em sua manifestação pré-científica. Toda reflexão filosófica ou todo conhecimento científico é sempre posterior às nossas experiências sensíveis, que são vividas pelo corpo.

O retorno à experiência vivida de perceber não é acompanhado da volta a uma consciência transcendental, que vê, à distância, o desdobramento da fenomenalidade do mundo, desconsiderando como a fenomenalidade do mundo aparece para nós, que já habitamos o mundo pelo corpo. A experiência vivida pelo corpo de perceber um ente presente no horizonte do mundo nunca se realiza pela retirada do mundo percebido, como se fosse realizar uma atividade meramente intelectual que, para possuir precisamente o percebido como objeto determinado, tomasse em relação ao mundo uma distância insuperável.

As formas visíveis não são organizações objetivas estáveis e constantes para todos os sujeitos que as apreendem; elas são organizações móveis e variáveis, conforme as necessidades e os interesses dos sujeitos que as percebem, permanentemente, situados no mundo. Não existe experiência perceptiva pura, pois nossa percepção não é uma vivência desinteressada. A experiência de perceber não reage mecanicamente aos dados físicos; ela se situa sempre em relação ao mundo perceptivo. Antes de tudo, ela é uma pluralidade de maneiras de se relacionar com o mundo. Mais precisamente, ela é relação com o mundo.

Sensibilidade e significação estão imbricados. As atitudes e os sentidos inventados pelo corpo são todos provenientes da percepção. A atitude fenomenológica se opõe a todo tipo de verdades já feitas para nos propor descrever o que é imediatamente, para nós, um fenômeno percebido. Merleau-Ponty está sempre à procura do alcance filosófico dessa atitude. Assim, a Filosofia é, para Merleau-Ponty, a instância vigilante que tem por finalidade evitar que as descrições fenomenológicas sejam uma representação distanciada das coisas. Seu esforço é buscar perceber a textura das coisas sensíveis tal como elas se fazem presentes ao nosso corpo. A Filosofia não se indaga somente sobre o ser do sentido, mas também como este se faz presente. Nesse quadro, a Filosofia permanece a guardiã atenta do problema de nossa relação com o Ser.

Mesmo que Merleau-Ponty conduza seu pensamento de uma fenomenologia da percepção para uma ontologia da carne, é sempre o ser do fenômeno que ele visa. A carne é finalmente uma espécie de metáfora para falar de nosso vínculo primordial com o mundo por meio de nosso corpo. Este é sempre o mediador insuperável de nossa relação com o mundo. Aqui está toda força da filosofia de Merleau-Ponty que ele nunca abandonará. Falar de carne é apelar para a compreensão de que nosso corpo é radicalmente "ser-no-mundo" pela experiência sensível.

A carne é, para Merleau-Ponty (1991b), o sensível no duplo sentido daquilo que sentimos e daquilo que é sentido. A carne forma uma correspondência reversível entre o dentro e o fora, que exige a determinação de que somente se é possível tornar-se "ser" pela relação com o outro. Essa relação permanente com o outro não é um mero acoplamento por fusão ou fixação. Estamos falando de um entrelaçamento ou de um quiasma que se estabelece por tensão permanente em que uma unidade ou uma singularidade nunca é efetivamente "uma" sem estar em relação com uma "outra".

Esperamos que nosso texto seja para você um horizonte de trocas, um momento de compartilhamento ou de entrosamento. Isso não significa dizer que seja uma mera receptividade do texto desprovida de críticas. Interrogar será sempre a tarefa do filósofo. Conto com sua leitura atenta, mas, sobretudo, com suas interrogações.

Primeira lição
Vida e obra

Maurice Merleau-Ponty nasceu em Rochefort-sur-Mer, França, em 14 de março de 1908, onde viveu toda sua infância. Ele morreu em Paris, no dia 3 de maio de 1961, repentinamente de trombose coronária, quando estudava em seu birô com a *Dioptrique* de Descartes aberta. Em 1914, quando ele tinha apenas seis anos de idade, seu pai, que atuava como artilheiro, faleceu durante uma batalha ainda no início da Primeira Guerra Mundial. A partir de então, foi educado pela sua mãe em companhia de uma irmã e um irmão mais velho.

Merleau-Ponty fez seus estudos secundários nos liceus parisienses: Janson-de-Sailly e Louis-le-Grand. Em 1927, entrou para École Normale Supérieure para estudar Filosofia. Ali conviveu com Sartre, Simone de Beauvoir, Jean Hypolite, Lévi-Strauss, Raymond Aron, Georges Politzer e Paul Nizan, pensadores sempre presentes na vida do filósofo.

Simone de Beauvoir, em *Memórias de uma moça bem comportada*, diz que apreciava em Merleau-Ponty seu amor à verdade, característica essencial de todo e qualquer filósofo. A gênese do pensamento de Merleau-Ponty é marcada pela procura sempre renovada pela verdade, fundada na perplexidade e no desejo constante de sempre retomar a experiência do mundo percebido. Para o pensador francês, há uma impossibilidade radical de o filósofo alcançar qualquer tipo de superação definitiva das contradições humanas. Ele deve sempre adotar a postura do não-saber (MERLEAU-PONTY, 1991a).

Em 1929, Merleau-Ponty entrou em contato com a filosofia de Husserl e Heidegger por meio de seu professor Georges Gurvitch, que lecionava a cadeira de Filosofia Alemã Contemporânea na École Normale Supérieure. O próprio Husserl ministrou nesse mesmo ano na Sorbonne aquilo que mais tarde foi publicado como *Méditations cartésiennes*, que tanto influenciou Merleau-Ponty.

Após graduar-se em Filosofia em 1931, Merleau-Ponty iniciou seu trabalho como professor de Filosofia no curso secundário do Liceu Misto de Beauvais. A partir de 1933, foi aluno assíduo dos cursos ministrados por Kojéve sobre a filosofia dialética de Hegel. Em 1939, Merleau-Ponty entrou em contato, na Universidade de Louvain, na Bélgica, com os textos inéditos de Husserl, que marcaram profundamente suas reflexões filosóficas.

Em 1940, foi nomeado professor de Filosofia no Liceu Charnot em Paris. Em 1941, associou-se ao grupo de Resistência, denominado Socialismo e Liberdade, intensificando sua aproximação com Sartre. Em 1945, assumiu o posto de professor de Filosofia na Universidade de Lyon, ano em que lançou a *Phénoménologie de la perception*. Naquele mesmo ano fundou, juntamente com Sartre, a revista *Les Temps Modernes*, que tinha como objetivo publicar artigos de filosofia, política e literatura.

O período de convivência entre Merleau-Ponty e Sartre, durante o trabalho de editoração da revista *Les Temps Modernes*, foi marcado por divergências filosóficas e políticas que resultou na ruptura de uma longa amizade. O estopim da divergência entre os dois filósofos foi a posição, adotada por Sartre, de defender o comunismo sem uma postura crítica.

Das reflexões derivadas das divergências filosóficas e políticas com Sartre, Merleau-Ponty escreveu duas importantes obras: *Humanisme et terreur*, publicada em 1947, e *Les aventures de la dialetique*, publicada em 1955. A primeira discute os processos de Moscou, que deveriam ser concebidos como revolucionários, e não como ordinários. A segunda analisa a necessidade de se pensar a esclarecedora evolução histórica do conceito de dialética como forma de nos libertar dos engajamentos políticos às cegas.

Depois de ter ensinado na Universidade de Lyon, entre 1945 e 1949, foi convidado pela Sorbonne para assumir a cadeira de Psicologia e Pedagogia da Criança de 1949 a 1952, ocupada depois por Jean Piaget. Os textos das aulas da Sorbonne foram publicados com o título de *Merleau-Ponty à la Sorbonne: Résumés de cours 1949-1952*.

Em 1952, proferindo sua aula inaugural, que foi publicada com o título de *Elogio da Filosofia*, Merleau-Ponty assume a cátedra de Filosofia no Collège de France, onde lecionou até sua morte, aos 53 anos de idade. Em seu discurso fez uma síntese de sua obra, destacando sua compreensão sobre o papel do filósofo, que é o de oscilar entre a ignorância e o saber.

Uma das primeiras publicações de Merleau-Ponty foi uma resenha sobre a obra *Ser e ter*, de Gabriel Marcel, no jornal católico *La Vie Intellectuelle*. O filósofo foi buscar nesse pensador a compreensão de que a subjetividade é essencialmente corporal e encarnada, ideia fundamental para alicerçar suas reflexões filosóficas.

Entre suas obras de destaque temos *La structure du comportement*, escrita em 1938 e publicada em 1942, e *Phénoménologie de la perception*, sua tese de doutorado que foi publicada em 1945.

O livro *La structure du comportement* tem a intenção de estudar as relações da consciência com a natureza. Merleau-Ponty propõe examinar as imbricações que há entre o físico, o orgânico, o psicológico e o social. Ele faz esse exame por meio de uma crítica à metodologia científica e aos princípios epistemológicos da psicologia clássica e comportamental de orientação behaviorista. Com base na noção de estrutura, pensada a partir da *gestalt*, Merleau-Ponty diferencia as ordens física, biológica e humana. Todavia, contrariando a *gestalt*, compreende essas ordens como sendo de natureza perceptiva e não objetiva.

A *Phénoménologie de la perception* é considerada sua principal obra. Nela, Merleau-Ponty critica a psicologia clássica, a fisiologia mecanicista e o *cogito* racionalista de Descartes por meio do retorno ao fenômeno da percepção segundo a perspectiva fenomenológica. Para o filósofo, perceber não é uma pura sensação e nem tampouco um julgamento intelectual, mas a experiência de se dirigir, intencionalmente, ao mundo pelo corpo.

Na tentativa de melhor esclarecer sua compreensão sobre o sentido originário da experiência perceptiva, Merleau-Ponty faz uma exposição de suas ideias para a Société Française de Philosophie no dia 23 de novembro de 1946. Tal exposição foi transformada em artigo com o título "Le primat de la perception et ses consequences philosophiques", publicado em 1947 no *Bulletin de la Société Française de Philosophie*.

Merleau-Ponty publicou também as coletâneas *Sens et non-sens*, em 1948, e *Signes*, em 1960. Na primeira, ele reúne uma série de artigos sobre a pintura, o romance, o cinema, o existencialismo, o marxismo e a política. Na segunda, ele se aproxima da obra de Claude Lévi-Strauss e Ferdinand Saussure para tratar do ser bruto ou selvagem e do fenômeno da palavra, bem como para produzir uma série de artigos políticos e apresentar uma nova visão de história sem se preocupar em traçar uma unidade engessada entre os escritos que compõem a obra.

No texto *L'Oeil et l'esprit*, último escrito que Merleau-Ponty pode concluir ainda em vida, produzido durante suas férias de verão em 1960, o filósofo critica o modelo de ciência fundado no pensamento objetivo que vê o mundo de fora, como se fosse possível sobrevoá-lo. Toda percepção é realização de um corpo situado radicalmente no mundo. Quando se lança o olhar para ver alguma coisa, a visão que nasce desse olhar é sempre a partir de um lugar em que o corpo está situado.

Depois de sua morte, foram publicados alguns textos encontrados em meio aos seus escritos. Um foi *La prose du monde*, que mostra como o mundo percebido deve ser considerado a partir da experiência de perceber diretamente associada à linguagem enquanto comunicação e relação de presença com o outro. A palavra ganha toda uma força expressiva que revela um tratamento filosófico inacabado.

O visível e o invisível foi outra obra publicada depois de sua morte, em 1964, sob os cuidados de Claude Lefort. Esse texto contém os estudos de Merleau-Ponty sobre a carne, conceito por meio do qual ele visa superar as dicotomias entre corpo e alma, percepção e pensamento, presentes na filosofia moderna e que ainda persistia na leitura fenomenológica do filósofo. Com base nesse conceito, Merleau-Ponty propõe transitar da fenomenologia para a ontologia, propondo uma crítica ao seu próprio percurso filosófico.

A filosofia contemporânea ficou muito abalada pela brusca interrupção da importante obra do mais autêntico e original discípulo da filosofia husserliana. Por ocasião da morte de Merleau-Ponty, Paul Ricoeur escreveu na coletânea de textos, denominada de "Hommage à Merleau-Ponty", publicada em 1961, na revista *Esprit*, que "o inacabamento de uma filosofia do inacabamento é duplamente desconcertante". Tal afirmação é para mostrar que o inacabamento é a característica fundamental da filosofia de Merleau-Ponty.

O pensador francês propõe considerar a Filosofia como obra inacabada. Para ele, o incessante recomeçar da tarefa filosófica é a expressão de renúncia a toda cristalização do pensar num sistema acabado e fechado. Tal perspectiva de compreensão da Filosofia como inacabada é derivada da concepção de que o real é sempre percebido e que não há percepção sem mundo. A percepção é a experiência originária de se dirigir para o mundo, que renova constantemente o pensamento filosófico. Nesse sentido, a Filosofia é considerada, por Merleau-Ponty, como a perpétua experiência de reaprender a ver o mundo.

Segunda lição

Fenomenologia e existência

Mostraremos nesta lição como Merleau-Ponty se apropria do método fenomenológico para pensar as questões filosóficas de seu tempo, destacando sua releitura desse método que, segundo ele, pode ser usado para redefinir as essências a partir da existência, considerando nossas experiências vividas no mundo e não um pensamento de sobrevoo distante do sensível. A fenomenologia tem, desse modo, duas funções: revelar as essências das coisas e considerar essas essências sempre a partir da existência.

A fenomenologia é usada por Merleau-Ponty para, sobretudo, compreender o corpo enquanto próprio ou vivido. Não estamos considerando o corpo das aulas de anatomia ou fisiologia; ou ainda o corpo do outro considerado do ponto de vista da terceira pessoa como um objeto situado no espaço. A fenomenologia nos permite alcançar o corpo que é percebido, sensível e que sente, o qual é visto e que vê, que é tocado e que toca ao mesmo tempo.

O corpo vivido, que se constitui sujeito da percepção, não é um objeto explicado; ele é aquilo a partir do qual um mundo de objetos é possível. O poder reflexivo não é considerado por Merleau-Ponty como atributo de uma consciência pura desencarnada do mundo. O corpo já esboça um tipo de reflexividade que aparece na simples experiência da mão que toca e é tocada ao mesmo tempo. Nenhuma outra "coisa" encontrada na natureza pode revelar tal característica.

Para se alcançar uma nova leitura do corpo é preciso colocar em suspenso as certezas elaboradas pelas ciências positivas, as quais produzem proposições para explicar o funcionamento orgânico do corpo sem considerar a intencionalidade e expressividade de nossa corporeidade. Merleau-Ponty tem como ponto de partida algumas ideias de Husserl sobre os movimentos voluntários do corpo vivo, apresentando a *motricidade* como uma forma fundamental de intencionalidade não representacional, ao lado da percepção.

É Husserl que faz Merleau-Ponty tomar a percepção como primazia da atividade do filosofar. Se a Filosofia tem como meta alcançar as essências das coisas, só resta uma saída: retornar perpetuamente às coisas mesmas por meio da percepção. Tal atitude fenomenológica nos impede de cair no idealismo. Desse modo, buscar as essências sem curvar-se ao reinado das ideias é o que faz Merleau-Ponty. É nesse contexto que o filósofo propõe uma fenomenologia da experiência de perceber como meio de entrar no universo efetivo do surgimento do aparecer do mundo percebido enquanto presença, em lugar de se limitar à afirmação de que a percepção é o contato imediato que temos com as coisas percebidas como objetos interpostos no mundo objetivo. Nesse sentido, voltar às próprias coisas é, para Merleau-Ponty, sinônimo de retorno à experiência perceptiva.

A atitude rigorosa do método fenomenológico não pode ser considerada ingenuamente como reveladora da essência das coisas sem que a percepção seja considerada como já estando numa relação permanente com a existência do mundo. Isso significa que nós devemos primar pelo entrelaçamento da essência com a existência, quando propomos um retorno à experiência do mundo percebido. Para a fenomenologia, é fundamental compreendermos como as coisas existem originariamente para nós. Para Merleau-Ponty (1992a, p. II), "tudo o que sei do mundo, mesmo por meio da ciência, eu o sei a partir de uma visão minha ou de uma experiência do mundo sem a qual os símbolos da ciência não significariam nada".

Merleau-Ponty se apropria da fenomenologia de Husserl para mostrar que há uma identidade entre perceber e aparecer. Logo, o mundo é o que percebo e o que percebo é o mundo. Afinal de contas, as coisas são somente unidades perceptíveis que se tornam perceptíveis para alguém que as percebe. Nesse sentido, dizer que nós percebemos o verde é reconhecer que temos a experiência de percebê-lo sem pôr o acento sobre o lado subjetivo dessa experiência ou sobre o lado objetivo da qualidade da coisa percebida. Dito de outra maneira, não há o verde em si, concebido como um verde estranho à nossa percepção do verde. Inversamente, não há o verde para si, considerado como um verde, independente de sua fenomenalidade, facticidade ou da sua presença no mundo percebido. A fenomenologia ensina a Merleau-Ponty que a experiência perceptiva tem, assim, uma dupla dimensão. De um lado, ela é um modo de acesso à presença concreta de algo, ou seja, à realidade que antecede ao nosso olhar. De outro, é "sensível, o que quer dizer minha" (BARBARAS, 1994, p. 3).

O percebido é tributário de nossa experiência de perceber e este é sempre de alguma coisa. Na percepção, coexistem as evidências de que ela se faz no mundo e, ao mesmo tempo, em mim. Merleau-Ponty (1992a) nos faz lembrar que a primeira ordem de volta às próprias coisas, dada à fenomenologia no seu começo por Husserl, pode ser comparada a uma "psicologia descritiva". A fenomenologia nos obriga a considerar a percepção por meio de uma descrição psicológica, pois o nosso ponto de partida deve ser a experiência de perceber. Porém, para Merleau-Ponty, seguindo os passos de Husserl, essa descrição psicológica deve ser purificada de todo psicologismo para poder se tornar um método filosófico. Isso significa que a simples descrição não é suficiente para revelar a experiência de perceber ela mesma. É necessário acrescentar, paralelamente a toda descrição, um ponto de vista capaz de torná-la elucidada. A fenomenologia contempla, ao mesmo tempo, a dimensão do fenômeno daquilo que se mostra e o pensamento, que se constrói a partir das manifestações fenomênicas do mundo.

A percepção nos revela que não existe fenômeno desprovido de significação, mas também nos mostra que não há significação sem estar encarnada na facticidade do mundo existente. Desse modo, "nós não podemos começar sem a psicologia e não podemos começar somente com ela. A experiência antecipa uma filosofia como a filosofia é, só uma experiência elucidada" (MERLEAU-PONTY, 1992a, p. 77). Pela percepção, não podemos transformar as coisas num conjunto de meras unidades de sentido distinto das coisas elas mesmas.

O corpo é sempre aquele que primeiro interroga as coisas. Nessa perspectiva, a fenomenologia possibilitou a Merleau-Ponty retomar a experiência de perceber sem considerá-la de fora, quer dizer, sem tratá-la separada do contato com o mundo pelo corpo. É assim que o método fenomenológico nos dá a possibilidade de examinarmos a percepção do mundo sem separá-la da experiência de perceber, visto que ela se opõe às elaborações presunçosas da filosofia e às tomadas de posição redutoras da ciência.

Para Merleau-Ponty (1998), não se trata de considerar a fenomenologia como escola fechada, mas de pensá-la como um método que nos permite levantar o problema da percepção a partir de nossa condição existencial, que é a de viver como sujeitos primordialmente perceptivos. Para a fenomenologia, as coisas percebidas não são substâncias, mas fenômenos que se mostram e se manifestam. Nessa perspectiva, Merleau-Ponty não busca uma compreensão mais clara e vidente sobre o mundo percebido, que estaria escondida por trás das interpretações da tradição científica ou filosófica. Muito pelo contrário, é do mesmo mundo percebido que ele está falando. Entretanto, ele tenta pôr em evidência a dimensão "aparecente" da sua realidade. Ele procura, assim, uma maneira de considerar a percepção, evitando que ela seja desfigurada por conceitos que impedem de revelar as operações vividas do corpo situado no mundo.

Merleau-Ponty reconhece que a pesquisa fenomenológica, que ele retoma de Husserl por conta própria, é uma filosofia orientada para o rigor da elaboração de uma teoria que se propõe metódica. Nesse sentido, ela é uma ciência que estuda as essências, ou seja, uma doutrina eidética que procura, por exemplo, a essência da percepção tal como ela é. Todavia, ela é também uma filosofia que recoloca as essências na existência. Isso significa que a essência da percepção não está separada da facticidade da experiência perceptiva.

A fenomenologia, praticada por Merleau-Ponty, sempre se realiza no campo da percepção, por meio do qual não podemos "abolir o privilégio originário da manifestação do mundo" (DESANTI, 1989, p. 150). É nesse âmbito que, ao mesmo tempo em que nós deixamos correr o olhar para perceber nosso prato de sopa na mesa, percebemos também a mesa, a toalha, a colher que está ao lado ou outros utensílios que estão na mesma mesa. Todas essas dimensões formam um sistema de relações envolvidas que nos permitem reconhecer o prato em um campo perceptivo com interações constantes.

Pela fenomenologia, não se concebe que o ato de perceber alcance o mundo como a soma de objetos isolados em sua forma individual. A coisa percebida nunca é devidamente representada como se cada coisa percebida fosse um objeto justaposto um ao lado do outro. Pelo corpo, que sempre percebe em perspectiva, as coisas percebidas se organizam umas em relação às outras. O corpo que percebe e a coisa percebida vão deixar instaurar-se em seu *entre-deux* uma espacialidade que permite que o corpo esteja ao lado da coisa percebida e que ela seja dada no que é. O aqui do corpo e o ali da coisa não são somente lugares de um espaço objetivo, pois que, ao nascer para um mesmo espaço de sentir, o corpo e a coisa tornam-se o avesso e o direito um do outro.

A perspectiva fenomenológica, adotada por Merleau-Ponty, almeja substituir todos os tipos de medidas objetivas conferidas às coisas por uma descrição direta das coisas percebidas. Nesse sentido, não podemos tratar as coisas como um conjunto de propriedades determinadas e apreendidas de maneira meramente abstrata. Nesse caso, então, "a unidade da coisa percebida, com a qual várias consciências concordam, não é assimilável a um teorema que vários pensadores reconhecem, nem a existência percebida à existência ideal" (MERLEAU-PONTY, 1989, p. 41). O que importa, então, é evidenciar a experiência de perceber as coisas, e não o que elas significam de maneira clara e distinta. Nesse sentido, é preciso correlacionar a noção de percepção com a do corpo próprio, visando explicitar o sentido atribuído por Merleau-Ponty ao sujeito perceptivo enquanto corpo situado no mundo.

Terceira lição

Percepção e corpo próprio

Quando Merleau-Ponty se refere ao corpo próprio ou vivido, está bem claro que não é o corpo considerado de maneira totalmente objetiva, sempre visto como um dado em terceira pessoa, quer dizer, como um "ele é" coisificado (Körper). Isso significa que o corpo não é uma coisa material, de natureza inanimada, ou associada a uma consciência separada de uma vida sensível. O corpo próprio é, para Merleau-Ponty, uma existência indivisa que nós vivemos como uma vida que sempre nos pertence (Leib). Devemos notar que, quando Merleau-Ponty se refere ao corpo, enquanto percebido, ele o considera como fenomenal, cujo modo de ser para nós não passa pelo mundo objetivo considerado em si. O corpo que nós vivemos não é um objeto transparente, que se introduz em nosso campo de visão como um objeto exterior, mas, essencialmente, uma vida que assumimos como uma estrutura sempre presente em todas as nossas ações (VAN PEURSEN, 1979).

Os questionamentos de Merleau-Ponty sobre o problema da percepção nos levam a pensar que o pôr-se a perceber do corpo não é originariamente uma percepção pontual, nitidamente distinta e localizada no espaço. Ele é, essencialmente, o movimento de mover-se em direção ao mundo. Esse movimento não é nem a soma de processos fisiológicos do corpo como *res extensa* nem a síntese psíquica de pensamentos voluntários da consciência como *res cogitans*. O corpo que se projeta no mundo e que se põe a perceber não é nunca uma "mera coisa" nem uma "mera ideia" (MERLEAU-PONTY, 1990, p. 223). Nessa perspectiva, a experiência de perceber é essencialmente nossa potência indivisa de nos abrirmos para a totalidade do mundo. Para ilustrar essa compreensão, Merleau-Ponty dá o exemplo da percepção do membro-fantasma[1], caracterizada pela experiência que ignora a mutilação

---

1. Não queremos tratar aqui, de maneira aprofundada, de todos os elementos examinados por Merleau-Ponty em relação ao problema da experiência do membro-fantasma na qual o sujeito que a vive parece esquecer seu corpo real, ignorar a mutilação e contar com seu fantasma como um membro que existe realmente. Nosso interesse está centrado na maneira de o corpo fenomenal se manifestar no caso do membro-fantasma como uma ação derivada de nossa inerência ao mundo. A abordagem merleau-pontiana pode nos ajudar a entender a experiência perceptiva como o resultado do processo dinâmico do pôr-se a perceber do corpo e do pôr-se a aparecer do mundo na medida em que somos seres corporais sempre situados no mundo perceptivo.

de um membro do corpo perdido num acidente, que continua agindo como se existisse ainda, embora o amputado saiba que não tem mais esse membro.

A motricidade do corpo próprio nos permite perceber por nós mesmos o aparecer do mundo percebido. Isso não significa que os movimentos de nosso corpo são, de um lado, realizados por um "corpo-objeto" e, de outro, governados por uma "consciência desencarnada" (BARBARAS, 1992, p. 31). Nossa motricidade, vivida como tal, impede-nos de assistir à distância o nosso próprio movimento, porque ele não é um simples deslocamento; ao contrário é, essencialmente, uma maneira de ir em direção ao mundo por meio do corpo vivido.

O corpo próprio vive sempre ancorado nas paisagens do mundo percebido como existência já presente no espaço. Em outros termos, a espacialidade de situação é o espaço que o corpo constitui com base em seu modo próprio de ser no mundo, já que a única maneira de ser no mundo é habitá-lo. Nessa perspectiva, o corpo não é um objeto, pois nunca está plenamente à distância, ou seja, ele nunca é objetivo para quem o habita.

O corpo próprio é a experiência de uma presença que nos dá a garantia de obter dele uma estrutura indivisa de percepções concordantes. É dessa maneira que "a identidade da coisa, através da experiência perceptiva, é apenas outro aspecto da identidade do corpo próprio no decorrer de movimentos de exploração", pois é por meio de nosso corpo próprio que nós estamos presentes no mundo e que todas as coisas percebidas estão submetidas à maneira segundo a qual nós existimos como seres sensíveis (HUSSERL, 1982, p. 92). O problema da percepção está intimamente ligado ao problema de nossa corporeidade. Isso quer dizer que nós não podemos resolver um sem o outro. Em resumo, nosso ser corporal está na origem de todas as existências perceptivas, pois elas se dão como perceptíveis apenas por meio do engajamento e da participação de nosso corpo nas paisagens do mundo percebido.

Para Merleau-Ponty, o corpo não está posicionado no espaço, mas toma lugar nas paisagens do mundo percebido. O espaço é, para o corpo próprio, um espaço vivido, quer dizer, um espaço tributário do poder perceptivo de nosso corpo sobre o mundo. Entretanto, tomar lugar é sempre em relação a algo. Desse ponto de vista, o poder de se situar do corpo já é mobilizado pela percepção do mundo, que se dispõe, em torno de nós, de uma maneira pré-dada. O pôr-se a perceber de nosso corpo é, de imediato, ser nas coisas. Assim, "o corpo percebe, mas desdobra também, de antemão, o 'campo' em que uma percepção pode se produzir" (BERNET, 1992, p. 64). Ele não se coloca no espaço como espectador estranho para com o mundo a fim de, somente em seguida, poder perceber algo. Com efeito, os dados perceptivos são sempre frequentados pelo corpo, que desenvolve em torno dele mesmo um campo perceptivo. Uma coisa é assim perceptível porque o corpo já está enraizado em um campo perceptivo que ele mesmo constitui através de sua relação permanente com o mundo.

Antes de ser a designação precisa de um objeto em uma posição determinada em relação a outros objetos, o corpo já está em direção ao espaço, no sentido de que ele já está situado no mundo. O ser "aqui" do corpo se faz "ali" no meio do mundo existente, pois o corpo próprio tem o poder de criar um espaço de relação. Mesmo que o corpo seja considerado por Merleau-Ponty como um "aqui" radical visto que não podemos contemplá-lo fora de nós mesmos, ele sempre está situado como um ser no mundo, pelo fato mesmo de ser um corpo. Em outros termos, o corpo é um "aqui" que se faz "ali", o que significa dizer que o corpo é um centro global de referência a si mesmo, porém integrado no mundo.

É graças à capacidade motriz de nosso corpo que podemos deslocar sua centralidade e estabelecer um engajamento no mundo de uma maneira dinâmica. Isso não significa que é possível abandonar o corpo que nós dizemos "meu-corpo" para vê-lo, por exemplo, andar por uma rua. Assim, pelo menos enquanto somos sujeitos que percebem, não podemos nos distanciar radicalmente, de maneira alguma, de nosso próprio corpo (DE WAELHENS, 1950).

Nosso corpo não tem uma localização inerte no espaço. Ao contrário, já que perceber é ser "abertura para", nosso corpo é nossa possibilidade permanente de ir para as coisas através de nossa capacidade motriz. Daí, se nosso corpo é insuperável, enquanto instância sempre presente ao nosso ato de perceber, ele somente é superado, de uma certa forma, enquanto presença no mundo. Aqui, o espaço corporal e o espaço exterior formam o que Merleau-Ponty chama de "um sistema prático", pelo qual se realiza a espacialidade de situação que dá a possibilidade efetiva para o corpo que percebe habitar o espaço (MERLEAU-PONTY, 1992a). Nosso corpo, nesse sentido, está sempre ao nosso dispor como um meio de inserção nas paisagens do mundo percebido, que exclui toda possibilidade de encarar as coisas percebidas como entidades transparentes, isto é, como entidades livres de toda aderência mundana percebida pelo corpo.

O "aqui" do corpo próprio é, ao mesmo tempo, absoluto e contingente, no sentido de que sempre se dobra, enquanto pertença a si, permanecendo, todavia, pertença ao mundo (FLORIVAL, 1979). Merleau-Ponty nos chama para recolocarmos em questão as alternativas do "para si" e do "em si" como instrumentos conceituais a fim de examinar o problema da percepção. Como observa Merleau-Ponty, "o corpo próprio está no mundo assim como o coração no organismo: ele mantém continuamente, em vida, o espetáculo visível, anima-o e alimenta-o interiormente, e forma com ele um sistema" (MERLEAU-PONTY, 1992a, p. 235).

De acordo com Merleau-Ponty, ao invés das tradições cartesiana e kantiana que esclarecem a percepção das coisas pela percepção do espaço, a experiência do corpo próprio nos ensina a enraizar o espaço na existência. Essa experiência, que é o desdobramento de nossa maneira de existir como seres corporais, revela a existência de uma espacialidade primordial que se define como relação orgânica entre o sujeito que percebe e o mundo. Aos olhos de Merleau-Ponty, "o espaço não é o ambiente (real ou lógico) em que se dispõem as coisas, mas o meio pelo qual a posição das coisas se torna possível" (MERLEAU-PONTY, 1992a, p. 281).

Ora, aqui, o espaço não é nem um meio homogêneo que abarca todas as coisas nem um atributo comum a todas as coisas, concebido abstratamente, mas uma paisagem que forma uma complexidade de percebidos articulados por uma relação de tensão em que o corpo próprio é o instaurador de um espaço vivido. O espaço vivido por nosso corpo próprio é a presença de um mundo que se manifesta na experiência efetiva de ter o espaço como paisagens habitadas por nosso corpo que percebe. É por essa razão que alguém, que aprende a digitar ou fazer fotografias, integra o espaço do teclado ou da máquina de fotografia ao seu corpo, que é o portador de toda forma de experiência desse espaço. Nosso corpo, como mediador de uma apreensão global do mundo percebido, instala-nos em um lugar em que todas as coisas percebidas são concreções ou facticidades presentes nas paisagens do mundo percebido.

Merleau-Ponty não quer que a experiência do corpo próprio seja reduzida a uma representação do corpo que, para nos ensinar o que verdadeiramente ele é, esquece que o corpo que nós pensamos é o mesmo corpo que nós vivemos ou percebemos. Nosso corpo já é, para nós mesmos, um modo de existir porque somos tudo o que sentimos, falamos ou pensamos, quer dizer, nós somos já uma vida corporal quando falamos do corpo. Assim, se o corpo é um fato, ele é sempre um fato vivido ou assumido. Em resumo, a experiência de estarmos constantemente com nosso corpo não pode ser considerada como uma atitude objetivista.

Assim, o corpo próprio já é um só corpo em cada uma de suas partes, estando presente simultaneamente em todas. Para Merleau-Ponty, a síntese do corpo próprio não é a determinação de uma síntese realizada, mas de uma síntese aberta, conforme a maneira segundo a qual o corpo se realiza como unidade corporal no mundo percebido. É aqui que podemos constatar que a unidade do corpo é uma unidade tensorial, porque o corpo se refere a si mesmo como uma coesão que abarca todas as suas partes em uma possessão indivisa sem, todavia, constituir um conjunto que nega a especificidade de cada uma de suas partes. Isso se deve à condição do corpo ser sempre uma unidade dinâmica enquanto abertura para mundo por meio da percepção. Tais considerações nos exige compreender as relações entre motricidade e comportamento na medida em que os atos do corpo não são apenas ações mecânicas regidas por leis físicas ou fisiológicas, mas atitudes intencionais.

Quarta lição
Motricidade e comportamento

Motricidade e percepção podem ser consideradas como as duas formas mais fundamentais de intencionalidade, permitindo nossa interação imediata com o mundo. A relação intrincada entre percepção e motricidade, segundo Merleau-Ponty, dá-nos a possibilidade de ter acesso à formação de um campo perceptivo dinâmico que não é senão o mundo sempre presente em toda manifestação perceptiva. É o exame dessa problemática que nos levará a evocar a questão do poder de se mostrar ou se fazer visível do fenômeno perceptivo, quando aparece para o nosso corpo.

A percepção comporta, por essência, uma ligação interna com o movimento de ir em direção ao que aparece e se mostra. A esse respeito, nós evocamos o problema da motricidade para explicitar mais completamente os movimentos de perceber, realizados pelo corpo que percebe pondo-se a perceber o mundo. Visamos a essência mesma da experiência perceptiva, sublinhando relações entre o ato de perceber e os movimentos corporais, já que perceber é, antes de tudo, pôr-se em relação. Toda percepção é, para Merleau-Ponty, movimentar-se em direção a alguma coisa, que não é orginalmente uma representação claramente identificada, mas algo que aparece ou se manifesta (MERLEAU-PONTY, 1991b). Perceber e mover-se são sempre duas faces do mesmo fenômeno.

O movimento de aparecimento do percebido não está separado da motricidade do sujeito que percebe que, de maneira intencional, procura ver algo, projetando-se no mundo. O corpo é o sujeito desse movimento que reconhece as formas percebidas que nos aparecem como manifestações fenomênicas do mundo. Assim, "o corpo não é somente o instrumento de minha conduta; muito pelo contrário, [ele é] parte integrante e indispensável desta última" (FERRIER, 1957, p. 109). As ações de nosso corpo não são, de maneira restrita, simples adaptações que se ajustam ao meio. A motricidade do sujeito que percebe não se reduz a uma inserção no mundo sem o apoio de algum solo mundano, porque ela nunca está separada do mundo ao qual ela se dirige. Evidentemente, Merleau-Ponty não pensa que a vida perceptiva se oculta enquanto vida subjetiva. Entretanto, essa subjetividade não pode ser confundida com uma consciência que, permanecendo transparente para si mesma, determina as essências das coisas sem se dar conta de que a experiência de perceber coexiste com o mundo como meio de toda vida perceptiva.

Segundo Merleau-Ponty (1992a), o corpo que percebe faz do mundo um "meio de comportamentos" em que aquilo que aparece se faz presente em um campo que é, ao mesmo tempo, perceptivo e motor. Aqui, podemos dizer claramente que, para descrever a experiência perceptiva, o que deve ser considerado é o processo de instauração da experiência de perceber. Nesse sentido, os movimentos utilizados para dar um gole numa taça de vinho ou para fazer um sinal para um amigo, por exemplo, não são derivados de uma intenção separada do próprio corpo que realiza esses movimentos. Para Merleau-Ponty (1992a, p. 129), "não há uma percepção seguida por um movimento, a percepção e o movimento formam um sistema que se modifica como um todo". Ora, aqui, a consciência perceptiva pode visar à presença em pessoa de um objeto apenas porque ela é, logo de início, capaz de realizar o comportamento de se dirigir em direção a algo.

Conforme Merleau-Ponty (1992a), a intencionalidade do sujeito que percebe pondo-se a perceber o mundo, por meio de sua motricidade, é originariamente um "eu posso", e não um "eu penso". A intenção operada nos movimentos de perceber não é um pensamento que preparamos em nós mesmos, e cujos sinais não vemos em nosso corpo. A motricidade, enquanto intencionalidade originária, não é um puro ato de significação ou uma pura função de representação que se opõe totalmente ao modo de ser das coisas como se, na experiência de perceber, os dados sensíveis e a significação fossem separados. Ela é, fundamentalmente, o "movimento de existência" que nos coloca no ser através do qual sensibilidade e significação são inelutavelmente ligadas. Portanto, o sujeito do movimento existe apenas enquanto sujeito no próprio movimento.

A motricidade do sujeito que percebe não se reduz a uma inserção no mundo sem o apoio de algum solo mundano, porque ela nunca está separada do mundo ao qual ela se dirige. Evidentemente, Merleau-Ponty não pensa que a vida perceptiva se oculta enquanto vida subjetiva. Entretanto, essa subjetividade não pode ser confundida com uma consciência desencarnada que, permanecendo transparente para si mesma, determina as essências das coisas sem se dar conta de que a experiência de perceber coexiste com o mundo como meio de toda vida perceptiva.

Evidentemente, a motricidade não implica que uma consciência dirija um movimento que se desdobraria na extensão como *partes extra partes*. Os movimentos de nosso corpo não são executados por um sujeito que é exterior a esses movimentos.

Assim, segundo Merleau-Ponty (1992b, p. 18), "meu movimento não é uma decisão da mente, um fazer absoluto, que decretaria, do fundo do retiro subjetivo, uma mudança de lugar milagrosamente na extensão". Em outras palavras, para Merleau-Ponty, não há uma consciência que anima a motricidade de nosso corpo: ela é regida por nosso próprio corpo. Todo movimento já é direção para o mundo realizado por nosso corpo, visto que a decisão de perceber não é distinta de sua realização. Com efeito, o mundo toma forma perceptível ou se fenomenaliza de maneira dinâmica porque a motricidade de nosso corpo nos permite galgar o espaço. A intencionalidade perceptiva, vivida por seus movimentos, é abertura dinâmica ao ser do mundo. O sujeito que percebe não se apropria do que percebe como um objeto totalmente determinado, mas se aproxima e se distancia do percebido pelos movimentos do corpo, que se põe ele mesmo a perceber.

O movimento nos permite ir por nós mesmos, enquanto corpo próprio, ao encontro do aparecer do mundo percebido. Isso não significa que os movimentos de nosso corpo são, de um lado, realizados por um "corpo-objeto" e, de outro, governados por uma "consciência desencarnada". Nossa motricidade, vivida como tal, impede-nos de assistir à distância o nosso próprio movimento, porque ele não é um simples deslocamento; ao contrário, é essencialmente o comportamento de uma maneira de ir em direção ao mundo levada por nosso corpo. É por essa razão que Merleau-Ponty (1990, p. 187) define que "a consciência é mais uma rede de intenções significativas, ora claras para elas mesmas, ora, ao contrário, vividas mais do que conhecidas".

A percepção, enquanto modalidade de se ter um mundo, implica o movimento de abertura a uma exterioridade. Com efeito, perceber é um comportamento de exploração do mundo percebido pelo vivente que não vive como um si separado do mundo em cada um de seus atos de perceber, visto que perceber é sempre se abrir para algo. O comportamento é concebido aqui como uma totalidade que se estrutura dinamicamente em vez de ser uma realidade objetiva revelável pontualmente. Ele é a nossa abertura dinâmica para o mundo, pois o corpo, em sua integralidade, vive de sua relação com o ambiente. Entretanto, essa integralidade não é considerada aqui como uma totalidade comportamental, que mantém relações de funcionalidade com seu ambiente, ativando apenas certas funções fisiológicas. De um lado, isso não significa que a percepção prive o corpo de toda relação funcional com o mundo percebido. Em compensação, de outro lado, a percepção é muito mais que a instauração de uma finalidade funcional, uma vez que a experiência perceptiva comporta também a propriedade de se referir a si mesmo. Efetuando a experiência perceptiva, aquele que percebe se faz ele mesmo presente ao comportamento de perceber que ele realiza.

O corpo que percebe não é, para Merleau-Ponty, um "feixe de funções" que estabelece uma relação com o ambiente com base em uma relação meramente funcional, pois o vivente não é um ser fechado no círculo da necessidade; pelo contrário, ele existe no modo da exploração do mundo. Nesse sentido, o comportamento de perceber não pode ser reduzido a uma reação local do organismo, a um agente objetivo perfeitamente determinado. Para falar a verdade, "é o organismo inteiro que, em cada comportamento, tão localizado que seja, se manifesta e mantém a sua essência própria" (BARBARAS, 1994, p. 60).

O modo de se perceber é, assim, sempre tributário, do ponto de vista pré-objetivo de quem percebe com foco no aparecer do mundo, que não está estabelecido sobre conteúdos percebidos puros e completos. O ato de perceber algo é, primeiramente, a experiência de ter acesso à apresentação do mundo por ele mesmo, e não a apreensão pontual de um objeto isolado. É verdade que podemos dirigir nosso corpo em direção a um objeto específico, mas é verdade também que este não pode sair do nada. No campo perceptivo, onde nós olhamos o percebido enquanto aparência fenomenal, uma presença perceptiva chama sempre uma outra presença. Quando dirigimos nosso olhar em direção a um objeto isolado, nós o orientamos também em direção à totalidade do mundo que vai além de nós.

É nesse contexto que Merleau-Ponty (1992a, p. XIII) nos recorda a diferença husserliana entre a intencionalidade de ato e a intencionalidade operante. A primeira é "a de nossos julgamentos e de nossas tomadas de posições voluntárias", que nos dão um conhecimento preciso, acessível ao pensamento objetivo, das propriedades que caracterizam uma determinada coisa percebida. A segunda é "a que faz a unidade natural e antepredicativa do mundo e de nossa vida, que aparece em nossos desejos, nossas avaliações, nossa paisagem, mais claramente do que no conhecimento objetivo". A partir dessa distinção, podemos ver claramente a posição tomada por Merleau-Ponty sobre o problema da percepção. O que está em jogo, para ele, é o fenômeno da experiência perceptiva considerado de perto, no momento mesmo em que ele é vivido como uma maneira de existir encarnada na profundidade do ser do mundo percebido.

Os comportamentos típicos de certas partes do corpo mostram bem que sua unidade não se constitui como uma simples unificação ou adição de membros, mas como unidade tensorial que dispersa, através do corpo todo, potências de ações especializadas. Mesmo integrado ao corpo, cada membro radia, em volta de si mesmo, certo modo de existência. É por esse motivo que Merleau-Ponty (1992a) fala da unidade do corpo como de um buquê de flores que é, ao mesmo tempo, único ou simples e múltiplo e complexo. Assim, o corpo se dobra sobre si mesmo em partes incompossíveis que se referem umas às outras. Ao realizar a experiência perceptiva, aquele que percebe se faz ele mesmo presente ao comportamento de perceber que ele realiza. Evidentemente, devemos sempre considerar que, para Merleau-Ponty, essa presença não é uma mera presença de si a si sem ser já uma presença no mundo, visto que o sujeito que percebe é, acima de tudo, relação com o mundo. Todavia, essa relação com o mundo exige o exame do problema da relação entre expressividade e alteridade, evocando a questão de instauração do percebido por meio do corpo vivido em sua singularidade e o *pathos* de nossa relação permanente com o mundo.

Quinta lição
Expressividade e alteridade

Quando Merleau-Ponty se refere, na *Estrutura do comportamento* (1990), à noção de "estrutura", ele recorre à *gestalt* para falar de forma. O comportamento humano não se reduz a uma manifestação objetiva e pontual desprovida de complexidade. Todavia, a Teoria da *Gestalt* comete o erro de colocar no mundo objetivo a rica noção de forma que, para Merleau-Ponty, possui uma natureza perceptiva. Nesse sentido, a forma é percebida pelo corpo e não uma coisa objetiva disposta no mundo objetivo. É desse contexto que nasce, de maneira original, o problema da expressão em Merleau-Ponty. Não há mundo em si mesmo sem a motricidade do corpo que realiza atos de perceber.

Dizer que uma *gestalt* é um todo que não se reduz à soma das partes é dar uma definição simplesmente negativa e exterior. É de dentro, comunicando diretamente com ela, que devemos perguntar o que é uma *gestalt*. É somente na experiência de perceber as coisas mesmas no movimento de seu aparecer que constataremos que uma *gestalt* não é senão o "pivô de um sistema de equivalências", na medida em que tudo o que aparece está integrado ao campo perceptivo formado pela relação corpo--mundo (MERLEAU-PONTY, 1991b, p. 258). Mas essa relação de integração não anula a tensão que se forma entre as unidades percebidas que se fazem visíveis para nosso corpo. Segundo Merleau-Ponty, o vazio que existe entre uma coisa e outra, em um campo perceptivo, não é um vazio definido negativamente por sua capacidade de ser preenchido por objetos sólidos. Assim, uma figura sobre um fundo não é a configuração nítida de um ponto sobre um horizonte objetivo exposto à nossa frente, mas a gestação de uma aparência que se organiza sobre o campo primordial constituído pelo corpo do sujeito que percebe, estando situado no mundo.

De acordo com Merleau-Ponty, a percepção como abertura para algo não se faz independentemente da abertura para o mundo pela percepção. Da mesma maneira, a abertura para o mundo não se faz separadamente da abertura para algo perceptivo. Assim, as coisas não existem sem o horizonte do mundo e não existe o mundo sem o horizonte das coisas. Evidentemente, quando Merleau-Ponty fala em horizonte, não quer considerá-lo como um campo horizontal objetivo disposto à distância; muito pelo contrário, o pensador o vê como um campo vertical em que estamos já situados em relação a ele por meio do nosso corpo. A percepção como "abertura para" sempre supõe que o mundo seja e permaneça um horizonte, não porque a visão empurra o mundo para longe, mas porque as coisas que estão aí vêm ao encontro do corpo que percebe no movimento mesmo em que este vai ao encontro das coisas. Se, por uma parte, o mundo e as coisas se dão a partir de um lá, por outra, já estamos situados em relação a tudo o que está lá, considerando que já somos ser no mundo por meio de nosso corpo.

Merleau-Ponty reconhece que em vez de conceber a percepção como um mosaico de sensações, a Teoria da *Gestalt* a define como um sistema de configurações ou a presença de totalidades organizadas. Em uma palavra, "o que é primeiro e vem em primeiro lugar em nossa percepção não são elementos justapostos, mas conjuntos" (MERLEAU-PONTY, 1966, p. 86). Ao vermos, por exemplo, um quadrado desenhado numa folha de papel, a "*quadradura* da figura" desse quadrado nos aparece imediatamente sob uma forma percebida distinta de um simples arranjo de elementos, já que as quatro linhas de seu perímetro são somente partes decompostas por uma análise secundária da percepção do todo da figura do quadrado (THINES, 1980, p. 76). Todavia, Merleau-Ponty considera que a Teoria da *Gestalt* nunca abandonou o ideal da existência de um mundo objetivo. Esse ideal é a prova de uma certa infidelidade em relação à sua prática de descrição direta do fenômeno perceptivo. Todo o esforço para eliminar a perspectiva de uma percepção pontual considerando a noção de horizonte, por parte da teoria da forma, não garantiu, de maneira radical, o retorno à experiência de perceber, porque ela fez do ser perceptivo um ser objetivo ou plenamente determinado. Esse retorno, numa formulação radical, exige a condenação de todo tipo de objetivismo.

O que está em jogo, nesse processo, é o tomar forma ou o sentido do percebido enquanto presença. A questão é saber de que é feito esse sentido e o que se passa quando um conjunto percebido é apreendido como forma. Ora, aqui, o que é capital em relação ao fenômeno da percepção não é mais sua forma (*gestalt*), mas sua formação (*Gestaltung*) ou sua gênese (CHARCOSSET, 1989). Nesse sentido, a forma não é um dado inerte, mas uma vida suscetível de um ciclo de metamorfoses por ser de natureza perceptiva. Logo, "a forma é fim, morte. A formação é Vida" (KLEE, 1998, p. 60). Por essa razão, a teoria da forma nunca largou o "naturalismo" na medida em que ela admite apenas uma forma de realidade, a saber: a natureza tal como aparece na experiência de perceber algo como objetos interpostos em nosso campo perceptivo. Consideramos, então, que a teoria da forma privilegia, de certo modo, a objetividade do percebido decalcado sobre um preconceito realista, em vez de considerar o percebido segundo sua formação ou sua estruturação dinâmica em nosso campo perceptivo.

Segundo nossa interpretação, pensamos que, antes de propor a questão da expressividade e da alteridade, a partir da percepção do outro como relação de um corpo perceptivo que visa outro corpo perceptivo, Merleau-Ponty chama a atenção para o problema da percepção no seio do aparecimento do mundo, que suscita uma espécie de princípio de "alteridade protótipo" ou de uma "intercorporeidade originária", no sentido de que tudo aquilo que aparece é uma unidade tensorial que estabelece relações com outras formas diferentes de si mesma, possibilitando considerarmos a existência de uma espécie de expressividade generalizada em tudo que aparece.

O aparecer de uma coisa, do meu corpo ou do corpo do outro na sua condição de fenômeno remete ao poder de se mostrar, portanto, de se expressar. O ato de se mostrar para aparecer não pertence somente aos homens e animais especificamente, mas a toda forma de aparência que se faz perceptível no mundo percebido. Evidentemente, o sentido de mundo percebido, percorrido pelo nosso corpo, é sempre compreendido como a estruturação de um campo perceptivo sob a forma de paisagens.

A ação de se referir a algo não é o estabelecimento de uma relação com o objeto ou a essência de uma determinação última, mas o dirigir-se a um percebido, que é a unidade de uma maneira de aparecer no mundo e que expressa, com efeito, um modo único de existir. A esse título, "antes de outrem, a coisa realiza esse milagre da expressão: um interior que se revela no exterior, uma significação que irrompe no mundo e nele se põe a existir e que só se pode compreender plenamente procurando-a em seu lugar com o olhar" (MERLEAU-PONTY, 1992a, p. 369). Para o pensador francês, o ato de perceber é um comportamento porquanto manifesta a atitude de se orientar em direção ao mundo pela motricidade de nosso corpo. O percebido é, também, de certa forma, um comportamento, tendo em vista que manifesta a ação de aparecer a partir das relações de contatos que mantém com o nosso corpo e, sobretudo, com os outros percebidos, que compõem a estrutura interativa do aparecer do mundo.

Segundo Merleau-Ponty, as coisas se definem, primeiramente, por seu "comportamento", e não por propriedades estáticas. Não importa se percebemos um jarro de flores em cima da mesa, uma árvore frutífera no quintal, um rosto triste solicitando ajuda ou uma mão ofertando adeus. Todas essas manifestações são expressões fenomênicas que unem presença factível e significação.

Compreendemos que o paralelo que Merleau--Ponty estabelece entre os "comportamentos" expressivos do sujeito que percebe e os "comportamentos" de expressividade das coisas percebidas é fundado, precisamente, na ideia de que, para a experiência de perceber, o percebido nos é efetivamente presente em "pessoa". O filósofo dá uma atenção toda especial à questão do sentido da noção de presença em "pessoa", que comporta uma dimensão de expressividade presente no fenômeno perceptivo. "Desde a origem, o projeto de Merleau--Ponty é retornar ao mundo percebido em sua pureza nativa, de levar a experiência muda à expressão de seu próprio sentido", que consiste em descobrir o ser fenomenal em seu movimento de aparecer que, em razão de seu caráter dinâmico, contém uma dimensão expressiva (BARBARAS, 1998, p. 42). Não se trata de pôr o problema da expressividade como uma dimensão gestual de nosso campo perceptivo, mas de mostrar o processo dinâmico da instauração do aparecer.

A expressão do percebido não é nada senão uma fisionomia ou um estilo de ser animado pela manifestação do mundo percebido, cuja essência é de ser um mundo em gênese para aquele que percebe. É por isso que nós queremos mostrar que a percepção é, originalmente, uma experiência paisagística, e não geográfica, como se todo sujeito que percebe e toda forma percebida fossem sempre existências suspendidas em um espaço sobrevoado. Desse ponto de vista, "aparecer não é, primeiramente, aparecer a uma consciência, é aparecer no seio de um mundo" (BARBARAS, 1999, p. 83).

O aparecer fenomenológico como o mostrar-se dinâmico do mundo é a expressividade carregada de mistério e de imprevisibilidade. Formas se configuram e se reconfiguram em função da nossa relação intercorpórea com os outros corpos, sejam eles pessoas ou coisas em geral. A expressão carregada de alteridade exige uma relação de ordem fundamentalmente dinâmica, pois "ela sempre recorre à vida" (MINKOWSKI, 1967, p. 121). Pela ordem do vital, que nos dá a possibilidade de nos relacionarmos com a fisionomia daquilo que percebemos, o percebido se exterioriza como a animação de aparências integradas à visibilidade das paisagens. É nisso que reside a compreensão, a qual nos permite considerar que as coisas percebidas estão submetidas à ação de transbordamento da paisagem que anima a estruturação dinâmica de suas fisionomias ou de suas expressões.

A unidade perceptiva significa, aqui, que cada aparecimento de uma coisa pertence ao mundo, visto que no próprio mundo não há percebidos isolados, uma vez que cada percebido existe somente em relação ao outro que si. As unidades percebidas não são simples superposições de coisas isoladas, mas o meio de instauração do aparecer das coisas que precisam de outras para se tornarem perceptíveis. O mundo não é, para Merleau-Ponty, um fundo inerte, em que cada unidade perceptiva toma posição como figura bem determinada. A esse respeito, ser no meio não é ser adicionado ao espaço, mas ser já em situação. É da condição de ser sempre em situação que advém o caráter de expressividade e de alteridade de toda forma de aparecer e de se mostrar dos fenômenos. Todavia, é preciso considerar o papel da linguagem e do pensamento em relação ao caráter de expressividade e de alteridade dos fenômenos, pois tal papel é decisivo para compreendermos o sentido atribuído por Merleau-Ponty ao seu modo de filosofar, fundado na experiência de perceber.

Sexta lição

Linguagem e pensamento

Quando Merleau-Ponty se refere à linguagem, ele parte sempre da nossa condição primeira de sermos corpos que percebem. Nesse sentido, há um mundo percebido que pressupõe toda denominação dada pela linguagem, seja no campo da fala ou da escrita. Portanto, a partir de Merleau-Ponty, para que algo seja perceptível, é necessário que toda forma percebida torne-se presente numa paisagem. Segue-se dessa compreensão que o sentido mesmo da coisa percebida é construído por meio de nosso corpo sem nenhum apelo para uma análise linguística que esgote o sentido presencial da percepção (MERLEAU-PONTY, 1992a).

Evidentemente, reconhecer que o aparecer dinâmico dos fenômenos tem uma significação expressiva de natureza pré-linguística não significa recusar o papel eminente da linguagem como meio indispensável para designar ou nomear aquilo que percebemos. A linguagem permite nomearmos as coisas percebidas para poder se instaurar uma comunicação com o outro. Nesse sentido, é impossível negar que aquilo que se mostra a nós pode ser medido pelo que podemos dizer ou escrever sobre ele. Todavia, o mostrar-se do percebido não se reveste da linguagem como de uma roupa emprestada para realizar o movimento de se fazer fenômeno ao campo perceptivo, constituído pela relação corpo-mundo. A linguagem não é suficiente para revelar a pluralidade de modos de aparecer, que denominamos aqui de expressividade do mundo percebido.

A linguagem não é apenas uma operação nominativa que inventa uma palavra para representar determinadas coisas do mundo. A linguagem é, antes de tudo, gesto criativo do corpo que transfere toda sua gestualidade para o mundo com base em seus atos perceptivos. A linguagem concebida como gesto criativo do corpo revela o sentido de expressividade do mundo percebido como o inacabamento do fluxo das aparências das coisas. Nesse sentido, a linguagem que corre o risco de simplesmente nomear pode nos distanciar do mundo, no lugar de revelar seu inacabamento perceptivo (FONTAINE-DE VISSCHER, 1974).

É preciso reconhecer que Merleau-Ponty não concebe a existência de uma distância entre um fenômeno do mundo percebido e um fenômeno de linguagem. Fenômenos perceptivos e linguísticos se entrelaçam, formando o que o pensador chama de quiasma ou relação de co-pertencimento. Todavia, mesmo que nós consideremos especificamente o sentido da linguagem, ele nunca se reduzirá a um sentido exclusivamente linguajar. Merleau-Ponty se propõe a pensar sobre o sentido originário da linguagem enquanto ato de um corpo que fala situado dinamicamente nas paisagens do mundo perceptivo. Nesse contexto, os sinais linguísticos não são sinais de uma língua hipostasiada pelos linguistas, mas sinais na fluidez dos fenômenos de linguagem produzidos pelo corpo (RICHIR, 1989).

A linguagem não é uma construção mecânica desprovida das elaborações criativas do corpo enquanto sujeito falante. O corpo produz tanto a "fala falada" quanto a "fala falante". A primeira refere-se à linguagem já instituída que oferece um ambiente já sedimentado por uma determinada língua a todo sujeito falante. A segunda diz respeito ao ato criativo e renovador da linguagem. Na fala não usamos apenas significações já disponíveis. Quando desejamos nos exprimir, usamos a linguagem já instituída para reinventar essa linguagem herdada.

É nesse contexto que Merleau-Ponty (1991b) não cessa de combater a ideia da filosofia como um léxico que recolhe um conjunto de significações estáveis para definir precisamente aquilo que percebemos. Do mesmo modo que a filosofia não está procurando um substituto verbal para o mundo que efetivamente percebemos, a linguagem não é uma estrutura categorial desprovida de um corpo falante, situado permanentemente no mundo perceptivo. Em outros termos, a filosofia busca realizar a transição da percepção silenciosa para a expressão. Toda reflexão funda-se num irrefletido. Mesmo que a expressão do filosofar necessite ganhar uma forma reflexiva, por meio das elaborações do pensamento, o labor filosófico tem seus fundamentos no sensível. Merleau-Ponty (1991b) recusa seguir o modelo de um pensamento de sobrevoo ou do "olhar de águia", que procura ver tudo sem a proximidade do tocar ou do *pathos*.

Se o corpo que percebe e os percebidos estão sempre situados no mundo percebido, por meio de uma implicação mútua, o ato de pensar não pode ser considerado como elaborações de um pensamento de sobrevoo que assiste, estaticamente, ao aparecer do fenômeno diante dele, sem o *pathos* da admiração de já estar em relação com o mundo. Foi evocando uma ontogênese da percepção que Merleau-Ponty considerou, de forma radical, a exigência fenomenológica de abordar os percebidos com base em seu modo de doação. E, simultaneamente, ele requer a necessidade de examinar, de maneira ontológica, a instauração do porvir perceptível dos percebidos, na realização dinâmica de seu aparecer, como expressão das paisagens do mundo percebido.

Quando Merleau-Ponty interroga o aparecer fenomênico das coisas, ele pretende interrogar a maneira segundo a qual elas nos são dadas na experiência perceptiva. Desse ponto de vista, um percebido aparece sempre a alguém. Com efeito, a percepção implica invariavelmente uma experiência de um sujeito perceptivo; de um corpo que se lança no mundo para perceber. Mas o fato de esse sujeito estar engajado no mundo que percebe não significa que ele seja concebido aqui como uma consciência dada imediatamente a si mesma numa evidência absoluta. É nesse sentido que Merleau-Ponty afirma que "a reflexão não é absolutamente transparente para si própria; ela é geralmente dada a si mesma numa experiência" (MERLEAU-PONTY, 1992a, p. 53). Essa experiência não é nada sem nossa experiência do mundo onde estamos situados. Assim, o sujeito que percebe é, essencialmente, existência a algo, ou seja, abertura para o mundo perceptivo.

A linguagem é derivada de um modo de ser no mundo, vivido originalmente pelo corpo por meio dos atos perceptivos. Nesse sentido, não só o corpo ganha força expressiva, mas o próprio mundo. Assim como a percepção, a linguagem é sempre uma prática já realizada por nosso corpo enquanto ser no mundo. A única maneira de dizer a própria experiência de perceber é tentar reinstaurar, na descrição dessa experiência, o próprio movimento de instauração do perceber e do dizer. Isso significa que a percepção é uma experiência que encontra seu sentido apenas pela maneira segundo a qual nós percebemos e dizemos o mundo. Aqui nasce uma circularidade entre percepção e linguagem que se revela no próprio corpo enquanto sujeito falante e no mundo enquanto paisagens.

A percepção de algo não é, em última análise, um ato de pensar que transforma o que percebemos em objeto universal para encontrar uma forma necessária na matéria contingente capaz de nos livrar, com efeito, das ilusões dos sentidos. Partindo disso, "a identificação dessa percepção a um ato de pensamento revela, ao mesmo tempo, uma ruptura clara com a experiência, já que esta se vê fundada independentemente dos dados que acessa e de um parentesco profundo com ela, pois, na realidade, a atenção do espírito tem como fundamento o poder explorador do corpo" (THIERRY, 1989, p. 11). Para serem pensadas, as coisas devem, em primeiro lugar, existir. A existência, aqui, não significa a exigência de que algo seja uma realidade determinada que preexiste em si para poder finalmente ser percebida como uma verdadeira visão do real, mas simplesmente a experiência da existência do mundo para nós que o percebemos.

Segundo Merleau-Ponty, temos "uma comunicação com o mundo mais velha do que o pensamento" (MERLEAU-PONTY, 1992a, p. 294). Em outras palavras, "é por empréstimo à estrutura-mundo que se constrói para nós o universo da verdade e do pensamento" (MERLEAU-PONTY, 1991b, p. 29). Se nossa primeira abertura a algo for realmente uma iniciação ao ser sensível, nossa reflexão sobre a gênese do sentido do fenômeno perceptivo não pode deixar atrás dela o campo da sensibilidade. Em resumo, "o cogito é somente por abstração o primeiro pensamento. Ele é sempre pensamento apontado para algo, vindo de algo" (WAHL, 1948, p. 240). Nesse caso, não podemos falar da percepção nos instalando aquém de toda experiência perceptiva. Trata-se aqui de retomar a experiência de perceber para assegurar que examinaremos a percepção a partir das coisas que percebemos, ou seja, a partir do aparecer das coisas.

Se não há experiência sem fala, o sentido primeiro da fala está no texto da experiência silenciosa da fé perceptiva que ela tenta proferir. Segundo Merleau-Ponty, a fé perceptiva nos dá a certeza de que, em nenhum momento, nós saímos do mundo percebido, no sentido de que o mundo não é outra coisa além do que nós percebemos. Resulta dessa atitude que nossa percepção do mundo atesta uma comunicação permanente e indubitável com ele. Em poucas palavras, "há o mundo", tal é a evidência perceptiva primeira e constante. Nessa perspectiva, "não devemos nos perguntar se nós percebemos realmente um mundo; devemos dizer ao contrário: o mundo é isto que nós percebemos" (MERLEAU-PONTY, 1992a, p. XI). A percepção nos dá, assim, um saber primordial que fundamenta para sempre nosso poder de reconhecer a existência do mundo como uma evidência de fato independentemente de esclarecimentos anteriores ou posteriores.

O pensamento é uma elaboração fundada na fé perceptiva, que é nossa adesão ao mundo pelo corpo perceptivo. É obvio que Merleau-Ponty considera que a fé preceptiva não é suficiente para a atividade do filosofar. Todavia, a interrogação filosófica tem sua origem no gesto espontâneo de estar ligado ao mundo pela fé perceptiva ou crença de que há mundo pelo poder perceptivo do corpo. Toda interrogação filosófica nasce dessa fé perceptiva. Assim como não há separação entre as percepções e as paisagens perceptivas do mundo, também não há cisão entre a fala e o pensamento na instauração da linguagem. Reconhecer as dificuldades do exercício da razão não significa necessariamente trabalhar a favor ou contra a razão. Merleau-Ponty (1989, p. 77) diz que "procurar a expressão do imediato não é trair a razão; ao contrário, é trabalhar para sua ampliação". A intenção do filósofo é de sempre considerar uma experiência do mundo ou uma relação com o mundo que precede todo pensamento sobre o mundo. É pela sua intenção de compreender o sentido originário do mundo percebido que sua filosofia considera que as obras de Balzac, Proust, Valéry e Cézanne são testemunhas exemplares do esforço filosófico de examinar várias questões que dizem respeito à vida humana, segundo nossa condição existencial de já ser no mundo.

Compreender o sentido originário do mundo percebido não quer dizer que o filósofo procure submeter ao pensamento a fala silenciosa da obra de arte, mas, fundamentalmente, prolongar o silêncio no seio de sua própria fala. Nós procuramos interrogar não aquilo que os artistas exprimem quando formulam opiniões sobre o mundo percebido, mas sua própria visão fazendo-se gesto sobre as obras de arte, que nos permite restaurar o solo perceptivo originário onde encontramos o silêncio primordial do mundo sensível.

Sétima lição
Silêncio e mundo sensível

Tão logo abrimos os olhos, vemos o mundo e as coisas. Porém, mesmo que deixemos os olhos fechados, continuaremos a ver. Nesse caso, "eu posso fechar os olhos, tampar os ouvidos, mas eu não posso cessar de ver, pelo menos o preto dos meus olhos, de ouvir, pelo menos o silêncio" (MERLEAU-PONTY, 1992a, p. 453). A percepção nos dá acesso à experiência constante da presença do ser do mundo sensível além de toda ideia do percebido como um ser em si ou como um ser de representação. Ela é nossa abertura fenomenal ao mundo, que se produz ele mesmo no movimento de sua fenomenalização. Somos assim condenados, pela percepção, a ser continuamente atados à existência do mundo. Por causa disso, quando fechamos os olhos, não é nem o mundo que some nem nossa percepção que se apaga, mas nossa relação perceptiva com o mundo que se altera dinamicamente.

A percepção nos dá a experiência mais antiga da existência do mundo sem a exigência de explicações suplementares sobre as condições do que a torna possível. Entretanto, essa experiência não se sustenta por razões tão categóricas que possam destruir, de antemão, toda objeção contrária. A concepção da existência de uma primazia da percepção em relação a todos os outros modos de apreensão do mundo deve ser a resultante de um estudo que procura a gênese do sentido do fenômeno perceptivo, referindo-se à percepção ela mesma. Trata-se, pois, de encontrar um sentido para o estado nascente e sempre operante, que se constata quando se exerce a experiência de perceber. Merleau-Ponty não quer somente afirmar a originalidade do mundo percebido em relação ao mundo pensado objetivamente, mas mostrar a teleologia de sua constituição, ou seja, o seu sentido originário. É o evento primitivo de perceber que é a fonte de significação da própria percepção. Assim, "o único elemento decisivo que nos permita atingir a significação da palavra percepção e sentir a veracidade de nossa asserção é conquistar o acesso à percepção como tal" (BINSWANGER, 1971, p. 92). A partir desse ponto de vista, devemos fazer perguntas sobre a essência mesma da percepção em vez de tentar estabelecer explicações fundamentadas numa relação de distanciamento em relação ao seu objeto.

Para a experiência de perceber, a melodia, por exemplo, não é uma soma de notas, já que cada nota conta somente pela ação que ela exerce na estrutura do conjunto de notas. A melodia percebida é inseparável de suas notas. Ora, aqui, "os sons ou as cores pertencem a um campo sensorial, porque sons, uma vez percebidos, só podem ser seguidos por outros sons ou pelo silêncio, que não é um nada auditivo, mas a ausência de sons e que, portanto, mantém nossa comunicação com o ser sonoro" (MERLEAU-PONTY, 1992a, p. 378-379). Nesse sentido, a regularidade dos intervalos entre a sucessão dos sons e também as diferenças de intensidade entre eles são condições determinantes na identificação de um som ou de um grupo isolado de sons. Em compensação, afirmar que existe a possibilidade da percepção de uma nota isolada somente é admissível em função do silêncio que a faz aparecer. Portanto, um som destaca-se sobre um fundo constituído por outros sons ou sobre o fundo do silêncio.

A respeito dessa opinião, Merleau-Ponty (1966) observa, por exemplo, que o filme é definido como uma forma temporal, e não como uma justaposição ou soma de imagens. Os sentidos de uma imagem isolada dependem da sucessão daquelas que a precedem. Há um ritmo da imagem que comporta um meio de expressão, cuja montagem não é a simples fotografia em movimento. E a respeito da dimensão sonora, o filósofo afirma que o filme não é uma soma fonográfica de falas e de barulhos, mas uma forma que coexiste em função de uma estrutura temporal. Além disso, há um laço muito mais estreito e mais complexo entre os sons e as imagens quando são reunidos por uma relação de vizinhança. Por exemplo, a alternância das falas e do silêncio produz efeitos significativos em relação às imagens.

Em outros termos, em lugar de fazer da linguagem um sistema de sinais fechado sobre si mesmo, o filósofo propõe tratá-la como a experiência da intervenção da fala que, na sua operação de ser fala, já está à obra nos enunciados mudos da fé perceptiva que nos dá a certeza ingênua de ser no mundo. A filosofia de Merleau-Ponty não procura um "invariante da linguagem" ou de uma essência lexical, mas um "invariante do silêncio" ou de uma estrutura que é a articulação onde se cruzam as múltiplas "entradas" do mundo. Portanto, se de um lado não há "experiência sem fala", mesmo assim o sentido primeiro da fala está "nesse texto de experiência" que ela tenta proferir.

O corpo pode testemunhar, por ele mesmo, o movimento do tornar-se perceptível de uma forma percebida integrada a uma paisagem do mundo. A pintura, por exemplo, pode ser o testemunho para compreender como o mundo perceptível pode efetivamente se realizar. A expressividade do fenômeno perceptivo, através da experiência de notar o aparecimento de um ser que se mostra visível na paisagem de um quadro, revela o olhar se lançando em direção a esse quadro guiado pela aventura de ver. Isso não significa que a expressividade seja considerada, aqui, como a diversidade de interpretações em torno dos motivos que o artista quer exprimir em seu quadro, mas, totalmente pelo contrário, que a expressividade pode ser compreendida como o movimento do aparecer das formas percebidas. É por essa razão que, segundo Merleau-Ponty, Cézanne somente começou a pintar a expressão no momento em que "ele aprendeu pouco a pouco que a expressão é a linguagem da coisa mesma e nasce de sua configuração" (MERLEAU-PONTY, 1992a, p. 372).

A partir desse ponto de vista, pensamos que a pintura pode ser utilizada como um excelente exemplo para ilustrar o poder do mundo em se tornar visível, que sempre remete ao espaço de paisagem como portador da expressividade no sentido da fisionomia do fenômeno perceptivo. A atividade pictórica é, finalmente, a possibilidade de a visão se dizer no momento mesmo em que ela se exerce, a possibilidade de se fazer fala sem cessar de ser silenciosa. Isso não quer dizer que o filósofo deve submeter ao entendimento a fala silenciosa da pintura, mas, fundamentalmente, prolongar o silêncio no seio de sua própria fala. Procuramos interrogar não aquilo que os pintores exprimem quando formulam opiniões sobre o mundo visível, mas a sua própria visão fazendo-se gesto sobre os quadros, que nos permite restaurar o solo perceptivo originário. É por essa razão que Merleau-Ponty considera, particularmente, a pintura de Cézanne, tão apreciada e investigada por ele, como a visão se fazendo filosofia.

Segundo Merleau-Ponty, "não tem consciência que não seja sustentada por seu engajamento primordial na vida e pelo modo desse engajamento". Numa palavra, o filósofo quer tratar a percepção a partir do mundo sensível ao qual nós estamos atados como vida perceptiva e não como subjetividade privada de finitude ou de existência mundana, o que significa se instalar na vida perceptiva para dar a perceber o nascimento do mundo percebido ele mesmo, de se perguntar o que ele é e quem somos antes do exercício da reflexão.

É verdade que o mundo pode receber significações, pois ele não é estabelecido em si como um conjunto de fenômenos indiferentes. Porém, é verdade também que, no âmbito da experiência perceptiva, a significação não pode ser considerada fora da nossa condição de ser já presente no mundo. Em outras palavras, "devemos entender o fenômeno de tal maneira que, mesmo tendo a possibilidade de um dizer, de uma significação, ele exclua que esse dizer proceda de um plano diferente daquele da fenomenalidade ela mesma: a significação permanece uma modalidade do fenômeno, abertura para uma transcendência e não possessão de um sentido" (BARBARAS, 1989, p. 34). Qualquer tentativa de tratar a noção de sentido como a possessão de uma significação do mundo, constituída por um sujeito que percebe, sem resolver a questão do sentido a partir da concreção da textura das coisas que nós percebemos, é condenada por Merleau-Ponty, para quem a experiência perceptiva não pode ser considerada como um problema separado da questão do modo de doação ou de apresentação do mundo sensível. Insistimos, junto com Merleau-Ponty, no fato de que, para achar o sentido mesmo do fenômeno perceptivo, é preciso se questionar radicalmente a noção de sensação e toda forma de pensamento objetivista, seja ele empirista ou intelectualista.

Segundo Merleau-Ponty (1992a, p. 376), "o que é dado não é a coisa só, mas a experiência da coisa". Essa experiência não é considerada, aqui, em um sentido realista, segundo o qual a percepção é uma coincidência com as coisas que garante a plenitude da presença do percebido. O realismo não tem sentido, se consideramos que o percebido se torna perceptível a partir do movimento dirigido às coisas elas mesmas por meio do corpo. Nessa perspectiva, para que percebamos as coisas, precisamos "vivê-las". Entretanto, viver as coisas não significa afirmar, de uma maneira idealista, que essas sejam reduzidas a uma consciência que perde sua inerência a um sujeito individual, segundo seu ponto de vista, para poder possuir o percebido como objeto de um conhecimento para além de nossa pertença radical ao mundo sensível.

No fundo, "viver uma coisa não é nem coincidir com ela, nem pensá-la de uma parte a outra" (MERLEAU-PONTY, 1992a, p. 376). O sujeito que percebe vive uma coisa porque se tenderá para coisas das quais ele não possui, de antemão, a chave de uma significação separada da fenomenalidade dessas coisas. Porém, o aparecer do que aparece não é nem um momento do ser do fenômeno desligado do sujeito que percebe nem um aparecimento que se reduz a uma fenomenalidade totalmente possuída por esse sujeito, como um espectador absoluto ou uma intelecção soberana.

O rigor da descrição fenomenológica não pode ser confundido com a exigência do pensamento objetivista, que considera a coisa como um fato positivo determinado ou uma ideia válida universalmente para todos os lugares e todos os tempos. Essa descrição é o esforço de representar "o aparecimento do ser" e entender como "paradoxalmente há, para nós, 'em si'" (MERLEAU-PONTY, 1992a, p. 86). Não é outra coisa senão a própria experiência efetiva, enquanto experiência de perceber já encarnada no mundo sensível, que é sempre sob nosso olhar como uma "volumosidade total" que nos rodeia por todos os lados (MERLEAU--PONTY, 1991b, p. 267). A esse respeito, o pensador francês nota que "o sensível é precisamente este médium em que pode haver o ser sem que esse deva ser posto; a aparência sensível do sensível, a persuasão silenciosa do sensível é o único meio do ser manifestar-se sem se tornar positividade, sem cessar de ser ambíguo e transcendente" (p. 267). Essa perspectiva nos conduz a um momento decisivo da gênese do sentido do fenômeno perceptivo, posto que o mundo sensível nos aparece como brutalmente presente sem, no entanto, ser posto positivamente. Desde então, o que nos interessa não é somente essa resistência a um aparecimento objetivo e acabado do mundo sensível, mas a dinâmica do aparecer desse mundo como o esforço de mostrar-se ficando, ao mesmo tempo, imanente ou visível e transcendente ou invisível. Em outras palavras, Merleau-Ponty não visa somente revelar a impossibilidade do porvir positivo do mundo sensível, mas sim aquilo que permite a este mundo gerir o aparecer, como o formigamento de tornar-se visível, independentemente de uma positividade irrealizável. É nesse contexto que nasce o *logos* do mundo estético.

Oitava lição

Logos e estética

Segundo Merleau-Ponty, "a filosofia não é o reflexo de uma verdade prévia, mas, como a arte, a realização de uma verdade" (MERLEAU-PONTY, 1992a, p. XV). Não obstante, essa verdade encontra sempre nosso mundo, onde já há uma "razão preexistente". Isso quer dizer que o único "*logos* que preexiste" é o próprio mundo. No fundo, a perspectiva filosófica de Merleau-Ponty é de mostrar que, de um lado, está certa a premissa de que para descobrir uma paisagem escondida atrás de uma colina, nosso olhar precisa encontrar um lugar que dê acesso ao aparecer de tal espetáculo, mas, de outro, é incontestável que essa paisagem não apareceria ao nosso olhar se já não estivesse presente no mundo percebido. Aquele que percebe não é uma consciência que ordena uma matéria sensível da qual ela possuiria a "lei ideal" das formas percebidas. Nesse sentido, a experiência perceptiva comporta, por princípio, a contradição da imanência e da transcendência. Portanto, a percepção é, ao mesmo tempo, vivida por aquele que vê e a expressão do mundo que se mostra. É por essa razão que Merleau-Ponty (1992a) afirma que o mundo é mais velho do que a consciência.

Segundo Merleau-Ponty (1966), os quadros nascidos do olho de Cézanne são manifestações de uma vida muito singular e, ao mesmo tempo, do "*logos* infinito" do mundo sensível que nos envolve e nos traspassa. O filósofo quer pôr em discussão o hiato, introduzido na história da pintura por Malraux, entre a subjetividade criadora do pintor e o mundo percebido que nos é revelado por seus quadros. Para Merleau-Ponty, na fase do estabelecimento do visível, as hesitações do pincel do pintor, enquanto poder de expressão para além de todos os quadros já realizados, e a intenção de criar o visível enquanto expressão do mundo que se oferece à visão na tela, são ações entrelaçadas. Com efeito, "a obra não se faz longe das coisas e em algum laboratório íntimo, cuja chave só o pintor possuiria" (MERLEAU-PONTY 1966, p. 68). A pintura é sempre um meio de comunicação com o mundo, quer dizer, de encontro com o mundo que nos solicita continuamente a vivermos a experiência de perceber. Por isso, para aplicar ou inventar uma técnica, o pintor precisa ser pintor já no mundo. Tanto para filosofar como para pintar já temos acesso ao mundo irrefletido cujo *logos* é de natureza estética.

Cézanne quer unir a arte e a natureza, ou seja, ele quer eliminar a dicotomia entre sua visão pessoal do mundo, tornada visível em seus quadros, e o mundo verdadeiro definido pelo pensamento, sob a forma de conhecimento científico. Segundo Merleau-Ponty (1966, p. 23), "Cézanne não achou que devia escolher entre a sensação e o pensamento, como entre o caos e a ordem". Aqui, o que Merleau-Ponty chama de sensação é a mais simples das percepções como uma modalidade de nossa existência no mundo. O filósofo reintroduz o conceito de sensação a partir da reabilitação da experiência de perceber, e não segundo uma determinação objetiva derivada de princípios empiristas ou intelectualistas. "O sujeito da sensação não é um pensador que nota uma qualidade, nem um meio inerte que seria afetado ou modificado por ela; ele é uma potência que co-nasce junto a um certo meio de existência ou se sincroniza com ele" (MERLEAU-PONTY, 1992a, p. 245). Mais uma vez, o que está em jogo aqui é todo o problema da recuperação do sentido do mundo tal como nós o vivemos. Assim, "co-nascimento" significa nascimento em conjunto, quer dizer, ato comum do sujeito que sente e do meio de existência. Existe uma co-presença do corpo do pintor e do mundo sensível que faz da consciência uma existência originalmente estesiológica.

Em lugar de atar-se rigorosamente às tradições de escolas que impõem, de certa maneira, alternativas já prontas para realizar a arquitetura do quadro, Cézanne quer fazer reviver a própria natureza em suas telas. É nessa perspectiva que Merleau-Ponty afirma: "Quando eu observo o verde brilhante de um vaso de Cézanne, ele não me faz pensar na cerâmica, ele a apresenta a mim" (MERLEAU--PONTY, 1992a, p. 380). Isso significa que quando nós observamos um quadro de Cézanne, assistimos à expressão de um espetáculo nascido no mesmo tempo que a experiência de perceber. O pintor não quer simplesmente criar uma obra que comporta a visão, mas sim edificar uma obra que revela a visão em sua origem, quer dizer, a ontogênese da visão. Essa ontogênese não é outra coisa senão a instituição mesma oriunda do encontro entre o movimento de se fazer visível do mundo ou de se pôr a aparecer e o poder de se dirigir para a espessura desse mundo ou de se pôr a ver. Trata-se de considerar a eclosão ou o início de realização da própria visão, em outras palavras, sua *energeia* (HEIDEGGER, 1962, p. 37). Podemos dizer que estamos no coração mesmo da reabilitação ontológica do sensível.

O problema da ontogênese da visão é claramente posto por Cézanne quando ele "não quer separar as coisas fixas que aparecem sob nosso olhar e sua maneira fugitiva de aparecer; ele quer pintar a matéria dando-se forma" (MERLEAU-PONTY, 1966, p. 23). O arranjo do conjunto do espetáculo visível nos quadros de Cézanne é a resultante de seu esforço para apresentar a consistência do percebido, fazendo-se percebido para nosso olhar; em outros termos, a expressão do percebido aglomerando-se sob nossos olhos. A espacialidade de seus quadros sempre se constitui pela vibração das aparências, que é o berço das coisas percebidas. Merleau-Ponty (1966, p. 29) assevera que, em Cézanne, "há um único motivo, é a paisagem em sua totalidade". Com efeito, se o pintor não nega totalmente a tradição e a ciência quando, por exemplo, visita o Louvre para aprender a maneira de pintar de outros artistas ou quando estuda a geologia para compreender a formação da superfície da terra, seu objetivo essencial é sempre pintar o mundo, convertê-lo inteiramente em espetáculo. Isso não quer dizer que o pintor não interprete a arte de pintar, mas essa interpretação, para Cézanne, não deve ser um pensamento separado da visão. Essa aliança inseparável de pensamento e visão, na obra de Cézanne, revela a existência de um *logos* silencioso que expressa camadas pré-objetivas do mundo estético.

O olho de Cézanne que, uma vez por todas, não é "o olho abstrato" da filosofia cartesiana, germina com a paisagem (LACAN, 1961, p. 246). Ele observa o mundo não como um meio de objetos construídos como utensílios dos quais, o mais frequentemente, nós pensamos que existem necessariamente conforme sua utilidade. Em outras palavras, ele observa o mundo a partir do fundo da "natureza desumana", que vai até as raízes para aquém da humanidade. É por esse motivo que seus quadros exaltam a anterioridade e a preeminência da paisagem. A intenção de Cézanne de restituir, por meio de sua pintura, a prega insuperável que nós formamos com a natureza não tem, todavia, a pretensão de nos desatar de nosso mundo cultural. Em suma, da mesma maneira que a filosofia de Merleau-Ponty, ele visa remergulhar nosso olhar no mundo para redescobrir a experiência da perplexidade que renova constantemente nossa experiência perceptiva. Assim, é justamente para adotar tal ponto de vista que ambos consideram que "a paisagem participa da eternidade da natureza, um sempre já aqui, antes do homem, e provavelmente, após ele" (CAUQUELIN, 1989, p. 31). Evidentemente, a natureza não é evocada para atestar que nós estamos no em si, mas para mostrar a "circularidade entre o homem e o mundo, que é a percepção" (MADISON, 1973, p. 95). Eis porque Cézanne dizia que a paisagem se pensa nele e que ela era sua consciência.

Cézanne considera a paisagem como um organismo nascendo que ele queria trazer vivo para um quadro. Já que sua pintura não é somente a transposição de uma paisagem primeiramente vista do lado de fora e, depois, disposta em um quadro, pensamos que ele quer deixar a própria natureza se mostrar através de suas pinceladas vibrantes. Aqui, o fenômeno perceptivo é apenas a expressão que emerge da paisagem vivamente presente para o nosso olhar. Em nossa opinião, há um sentido de expressão que não é derivado apenas da maneira de viver que Cézanne expressa em seus quadros, nem da possibilidade de sugerir diversas interpretações em torno dos assuntos exteriorizados por suas telas, mas sim, do movimento mesmo de aparecer do fenômeno perceptivo enquanto fenômenos que se mostram ou se fenomenalizam de acordo com sua pertença a uma paisagem frequentada por nosso olhar. Entretanto, nós não queremos negar que há um elo entre a vida e a obra do artista e que podemos sempre submeter uma obra a interpretações para saber quais significações ela porta. Em outros termos, não queremos contestar que um caráter esquizoide, provavelmente desenvolvido por Cézanne, não seja expresso em seus quadros, ou que seja possível identificar a expressão de sofrimento ou de alegria manifestada em uma tela determinada de Cézanne. Sob esse ângulo, não podemos recusar o fato de que existe uma maneira de examinar o problema da expressão da pintura e de toda manifestação artística em geral a partir do caráter simbólico da obra de arte. Isso quer dizer que é possível, por exemplo, sustentar que o desenho de uma criança "não corresponde sempre à realidade das coisas, mas à expressão de um caráter e de uma atitude" (MERLEAU-PONTY, 1998, p. 220). Todavia, queremos pôr em evidência uma outra abordagem do problema da expressão fundada sobre o movimento do porvir visível daquilo que nós vemos, ou seja, sobre a juntura entre o aparecer e o movimento de se mostrar do fenômeno perceptivo.

Nós situamos aquilo que designamos como "a expressividade do fenômeno" no contexto em que Cézanne afirma que ficou muito tempo sem poder pintar o Mont Sainte-Victoire, porque ele imaginava a sombra "côncava" como se ela existisse centrada sobre si mesma. Portanto, é somente após ter mantido seu olhar de maneira a ver que a sombra é, no fundo, "convexa", quer dizer, fugindo de seu centro, que ele retomou sua série inacabada do Mont Sainte-Victoire. É exatamente essa compreensão de convergência em direção para o exterior que nos dá o fundamento para falar de uma expressividade do fenômeno. Evidentemente, isso não quer dizer que a expressividade é usada, aqui, para afirmar a exteriorização de um ser já existente, mas para sublinhar que a ação de se exteriorizar é o modo mesmo do visível que se instaura como visível no mundo percebido. Podemos compreender o sentido que Merleau-Ponty quer dar à expressividade quando considera que "a expressão daquilo que existe é uma tarefa infinita" (MERLEAU-PONTY, 1966, p. 99). Mais uma vez, podemos constatar o encontro entre a pintura de Cézanne e a filosofia de Merleau-Ponty em relação ao caráter inacabado de suas obras. Esse caráter do inacabamento encontra toda sua força no entrelaçamento permanente entre sentir e subjetividade.

Nona lição
Sentir e subjetividade

A relação entre a experiência de sentir e a formação da subjetividade ganha uma atenção especial na filosofia de Merleau-Ponty. Sua questão é saber como o corpo que percebe se constitui, originalmente, sujeito por meio da experiência de sentir. Em outras palavras, como é possível considerar que o corpo seja capaz de perceber e realizar essa experiência considerando como sendo sua.

Se levarmos em conta a versão empirista, o sujeito que percebe tem acesso ao mundo por meio de sensações, que são consideradas uma série de estados mentais em terceira pessoa comuns a todos os corpos que são capazes de perceber. Por este caminho, a percepção é apenas um dos acontecimentos do mundo objetivo inteiramente pronto, desprovido de mistérios ou de horizontes abertos determinados por atos intencionais ou subjetivos.

Na versão intelectualista, o sujeito da percepção é uma espécie de ego transcendental. Desse modo, o estado de consciência torna-se consciência de um estado. O mundo só existe para um sujeito constituinte que o constitui como representação. Mais uma vez o mundo é dado inteiramente pronto. Uma espécie de pensador universal que percebe o mundo, tornando-se um observador de sobrevoo, que guarda sempre uma distância em relação ao mundo enquanto tal. Assim, o mundo torna-se o correlativo de um pensamento do mundo, que só existe para um sujeito que o constitui.

Segundo Merleau-Ponty (1992a), toda experiência perceptiva se faz invariavelmente por meio de um campo perceptivo sempre presente e atual, que é vivido intensamente pelo corpo atado ao mundo. Nesse sentido, aquele que percebe está diretamente enraizado no mundo perceptivo. O sujeito que percebe nunca pode abandonar o fundo do mundo para realizar a experiência de sentir realizada pelo corpo. Do mesmo modo, não pode se identificar ao corpo meramente orgânico e funcional desprovido de subjetividade. É por essa razão que a percepção é marcada por falha, descontinuidade e indeterminação. O complexo sistema da experiência perceptiva, formado pelo mundo fenomênico e pelo corpo próprio enquanto eu empírico, não pode ser reduzido a uma mera conexão de termos produzidos por relações causais, conforme a perspectiva empirista, ou por um pensador universal, segundo o modelo intelectualista.

O pensamento objetivo, presente tanto na perspectiva empirista como intelectualista, transforma tudo o que percebemos em objeto sem se perguntar pelo momento originário da experiência de perceber. Considerando esse momento, Merleau-Ponty propõe pensar a formação de uma subjetividade pré-pessoal capaz de sentir como ponto de partida para se conceber o sentido originário da percepção. Do ponto de vista originário, quando realizo a experiência de sentir não vivencio uma sensação como mero estado de consciência ou consciência de um estado. As cores, as texturas, os sons, os sabores e os odores não são qualidades de objetos, que sentimos de maneira dissociada das condutas de meu corpo que se dirige para o mundo visando percebê-lo. Desse modo, a experiência de sentir é "autoafecção imediata de uma subjetividade originária" (GÉLY, 2000, p. 16).

O que o corpo sente é originalmente um conjunto de significações vitais ligadas à motricidade. Considerar as cores, as texturas, os sons, os sabores e os odores associados aos movimentos do corpo é conferir valor motor às experiências perceptivas e considerar o sujeito da percepção como modo de se dirigir ao mundo pelo sentir. Com base nessa perspectiva, antes mesmo de qualquer elaboração representativa que possa ser definida como qualidades objetivas de coisas que nos afetam, o nosso corpo sente o mundo enquanto sujeito perceptivo.

Segundo Merleau-Ponty (1992a, p. 245), "o sujeito da sensação não é nem um pensador que nota uma qualidade, nem um meio inerte que seria afetado ou modificado por ela; é uma potência que co-nasce em um certo meio de existência ou sincroniza com ele". O filósofo propõe essa afirmação fazendo uma comparação entre aquele que sente e o sensível por meio de um paralelo entre aquele que dorme e o sono. É somente respirando de forma lenta e profunda que o sono alcança sua condição de ser o meu sono. Ele não é apenas uma reação fisiológica decorrente de mecanismos físico-químicos, mas também uma vivência intencional. Do mesmo modo que o sono implica uma experiência de entrega, o sentir também implica uma experiência de entrega, que é vivida por um sujeito encarnado no mundo.

É óbvio que não podemos deixar de reconhecer os conhecimentos da ciência que mostram que, para poder ver, é preciso contar com milhões de células retinianas no fundo de cada globo ocular. É preciso ainda admitir que essas células recebam os fótons, grãos de energias luminosas, para poder haver, efetivamente, a experiência de ver. Nesse sentido, sem um corpo com retina e um ambiente com luz não podemos dizer que podemos ver. Todavia, essas necessidades fisiológicas e ambientais não podem eliminar o problema do sujeito que vê. É desse problema que Merleau-Ponty se ocupa, quando examina a experiência de sentir. Ele nos convida para pensar o problema do sentir considerando "a experiência pré-teórica" comum que todos nós possuímos do mundo e de nós mesmos (MATTHEWS, 2007, p. 73).

Sentir não é, para Merleau-Ponty, apenas uma reação motora passiva aos estímulos do ambiente. É bem verdade que toda sensação é sempre de alguma coisa. Logo, só posso dizer que sinto o vermelho porque sou afetado por essa cor. Todavia, essa cor só se define como uma cor identificável por meio de uma série aberta de experiências possíveis operadas por um corpo que se faz sujeito no ato de sentir. Aquele que percebe é antes de tudo um ser de potência ou de possibilidades. Nasce aqui uma questão que é da ordem do uso do corpo, problema típico do mundo humano. Se fossemos máquinas que registram e decodificam informações sensíveis, não precisaríamos colocar o problema do sujeito da percepção.

Meu corpo pode tocar sua mão esquerda com sua mão direita; e a mão esquerda pode ser percebida pelo corpo como mão-objeto e também como mão que sente que foi tocada e que toca ao mesmo tempo. O corpo se constitui assim de um duplo modo: objeto (coisa física) e sujeito (aquele que sente). Não sou apenas um corpo que recebeu uma forma consciente, proveniente de uma atividade intelectual. *Physis* e *Psyche* coexistem nos meus atos de sentir. Não podemos negar que o corpo humano se insere em contextos regidos por nexos causais da vida natural. Mas ele também se situa em contextos fenomenológicos regidos por atos intencionais.

Segundo Merleau-Ponty (1992a), meu corpo ressoa para todos os sons e vibra para todas as cores, tendo em vista que ele é, ao mesmo tempo, uma instância constituída pela natureza e outra dimensão constituinte de culturas. O corpo pode dirigir seu olhar para ver o ramalhete de flores em cima da mesa, mas também pode perceber-se percebendo o ramalhete. Ele é capaz de se ligar à mesa para perceber o ramalhete e voltar-se para si enquanto sujeito do ato de perceber.

A filosofia de Merleau-Ponty pretende alcançar o nascimento do sujeito do sentir enquanto um *cogito* tácito inerente ao mundo. No lugar de fundar suas reflexões filosóficas numa egologia fenomenológica, Merleau-Ponty propõe uma estética fundamental (TRÉGUIER, 1996). Tal perspectiva filosófica abre novos caminhos para se conceber o sujeito do sentir. Nasce dos movimentos corporais a formação de um *ego* corpóreo que precede toda forma de atividade consciente fundada num *ego* transcendental.

O corpo se faz sujeito por causa da reversibilidade do sentir. Aquele que pode ver alguma coisa pode também ver a si mesmo. É com base nessa reversibilidade que Merleau-Ponty afirma o enigma de uma sensibilidade refletida presente no corpo. É pela reversibilidade do sensível que o corpo pode ser compreendido como sujeito. É bem verdade que Merleau-Ponty afirma que essa reversibilidade é sempre iminente e nunca realizada de fato. Ela nunca se concretiza em sua plenitude, pois o corpo se faz sujeito sem que o sensível seja o resultado de uma mera fusão do corpo, que tem o poder de sentir, com o mundo sensível. Há uma indivisão primordial entre meu corpo que sente e o mundo sensível. Podemos dizer que a reversibilidade é um poder de se relacionar e de se abrir para o mundo e não de fazer uma ligação que fusiona um elemento a outro. Talvez seja por essa razão que Merleau-Ponty acaba abandonando o conceito de *cogito* tácito. Se formos rigorosos, o *cogito* tácito continua ainda sendo um *cogito*. Tomar emprestado uma terminologia cartesiana e buscar, ao mesmo tempo, superá-la nos parece ser uma atitude contraditória.

O fato de Merleau-Ponty apontar o corpo como possuindo uma natureza subjetiva já é suficiente para fazer uma crítica radical ao pensamento cartesiano, que atribui apenas ao *cogito* a natureza de ser subjetivo. Todavia, manter ainda a terminologia de *cogito* para definir o corpo como *cogito* tácito pode indicar um certo cartesianismo. Para recusar o uso do termo *cogito*, é preciso definir, pelos caminhos estesiológicos, o corpo como presença radical no mundo sem que ele ocupe o lugar de um *cogito*. Estranhamente, o corpo é presença a si pela ausência de si. Tal estranheza é fruto de sua condição existencial de ser abertura para o mundo e fechamento para si. Por causa desse paradoxo, Merleau-Ponty propõe substituir o conceito de corpo pelo conceito de carne.

Décima lição
Carne e ontologia

É pelo conceito de carne que Merleau-Ponty propõe superar a clivagem ou dicotomia sujeito/objeto, considerando a experiência originária do sentir. O filósofo adota um percurso filosófico cujo fim é uma reabilitação ontológica do sensível. Por esse caminho, ele renuncia os conceitos de sujeito e objeto como instâncias distintas. Nesse sentido, a filosofia de Merleau-Ponty não somente alcança o *status* de crítica, mas, sobretudo, se renova e permanece aberta.

Com o conceito de carne podemos dizer que o corpo se liga ao mundo e o mundo se liga ao corpo de forma ininterrupta e antidualista. Nasce, assim, uma maneira de se pensar o corpo segundo a carne. É no *Le visible et l'invisible* (1991b) que esse modo de pensar o sensível se realiza com todo o seu vigor. Com base nessa nova perspectiva filosófica, o corpo próprio ou o corpo-sujeito é concebido como "massa interiormente trabalhada", que não estabelece uma fronteira nítida entre o dentro e o fora ou entre sujeito e objeto (MERLEAU-PONTY, 1991b,

p. 193). A experiência sensível é decorrente de um quiasma originário entre o corpo e o mundo. Esse quiasma não é a fusão de dois polos em um único polo uniforme, mas uma relação permanente em que o "um" não pode ser sem o "outro". Não nos referimos à determinação de dois termos representados como conteúdos mentais, mas à manifestação de elementos vivos que se relacionam no mundo sensível. Tal perspectiva expressa bem o que Merleau-Ponty denomina de "entre-dois", que descreve a transitividade ou oscilação permanente entre meu corpo e o mundo.

Para Merleau-Ponty, "sentir" e "se sentir" só têm sentido como modo de ser no mundo, que é a experiência de uma presença carnal no mundo antes de qualquer tipo de representação. Nesse contexto constatamos que, para compreender o aparecer daquilo que nós percebemos, devemos nos interrogar sobre o aparecer do que aparece, ou seja, o aparecer do aparecer ou o fenômeno do próprio aparecer. O exame do problema da manifestação do aparecer encontra na filosofia de Merleau-Ponty a necessidade de "uma fenomenologia da fenomenologia", que descreva o porvir do sentido da percepção no âmago do aparecer ou do se mostrar do mundo para o corpo (MERLEAU-PONTY, 1992a, p. 419). O que está em jogo, aqui, é perceber o aparecer em seu ser. É nesse sentido que "a ontologia é possível apenas enquanto fenomenologia" porque para perceber o aparecer em seu ser é preciso se dar conta do movimento de estruturação ou do porvir do fenômeno em seu aparecer dinâmico, quer dizer, de sua doação enquanto ser (HEIDEGGER, 1986, p. 63). Em outros termos, para ter acesso ao aparecer daquilo que aparece, convém, portanto, examinar a significação da expressão "fenômeno".

Se a fenomenologia quer realmente assumir o problema do sentido do fenômeno, ela não pode deixar de lado essa dimensão do aparecer do fenômeno, que não se reduz nem ao manifesto nem ao aparecente, mas que, ao contrário, dá sentido a essas duas possibilidades do ser do fenômeno. Esse cenário reflete bem a palavra de ordem husserliana de retorno às coisas elas mesmas. É o mundo como manifestação fenomenal irredutível e nunca saturada que nos dá o aparecer do que aparece enquanto o trânsito de um porvir visível, que nunca se realiza totalmente. É enquanto expressão de uma estrutura não acabada que o mundo perceptível, que é muito mais do que o mundo efetivamente percebido, se mostra sob a tensão do visível e do invisível, tornando inesgotável o aparecer do que aparece. É no terreno da tensão do visível e do invisível que nasce a ontologia da carne de Merleau-Ponty.

A carne é o nome que Merleau-Ponty (1991b) escolheu para dar ao ser. Ela é, para ele, o princípio de indivisão e o estofo comum a todos os seres. Em outros termos, a carne é, para o filósofo, o princípio *"d'Ineinander"*, que consiste em considerar que aquilo que existe como "um" é apenas abertura para um "outro" que si. Aqui, Merleau-Ponty adotou uma análise ontológica que ele chama de "ontologia indireta". Seu método indireto é o meio que ele encontrou para abordar o ser partindo dos seres. Com efeito, nós podemos apreender o ser apenas a partir de nossa relação de dependência para com o mundo em que estamos presentes, antes de toda concepção a respeito dele ou sobre nós mesmos. Segundo Merleau-Ponty, na carne do mundo só se existe enquanto identidade na diferença. Nesse sentido, toda forma percebida particular que se faz presente para o corpo situado no mundo é uma singularidade em acoplamento com esse mundo, e não uma realidade distinguível pontualmente.

Todavia, essa relação de acoplamento não indica que as coisas percebidas são tratadas por Merleau-Ponty como simplesmente fusionadas com a carne do mundo. Ao contrário, elas estão encarnadas no mundo que aparece sem, todavia, ser desprovidas de diferenciação. Nós não podemos considerar a carne do mundo sem já considerar as coisas percebidas como dimensões da membrura dela, ou seja, como manifestações inerentes ao seu aparecer, ou provenientes do próprio mundo enquanto manifestação perceptiva para o corpo.

A membrura do mundo significa uma estrutura comum a todas as coisas no sentido de que aquilo que é visível como uma unidade percebida está sempre já ligada à situação em que ela se encontra no mundo. É por essa razão que nosso campo perceptivo não é nada mais que dimensionalidade, uma espécie de pertença a "um raio do mundo" como a articulação de um percebido com outros percebidos. Nós nos referimos ao mundo segundo o estilo comum a tudo aquilo que aparece, porquanto aquilo que é percebido é uma certa modulação do aparecimento do mundo. Isso quer dizer que a instauração do aparecer, como um processo autônomo, não dissolve as diferenças entre os modos de aparecer. Assim, perceber é aquilo que nos abre ao ser no sentido de que "a visão é o encontro, como um cruzamento, de todos os aspectos do ser" (MERLEAU-PONTY, 1992b, p. 86).

Segundo Merleau-Ponty, a reversibilidade da carne é a verdade última do corpo próprio. Esse dobrar-se sobre si próprio é se autodesdobrar em partes que se sobrepõem umas sobre as outras. Situados no corpo ele mesmo, nós assistimos à instauração de uma carne indivisa que se refere a si por meio do mundo. Logo, nosso corpo, que é o modelo do sensível, enquanto lugar de um dobramento sobre si próprio, é possessão, ao mesmo tempo, de si mesmo e do mundo. Isso significa que "aquele que vê não pode possuir o visível a não ser que seja possuído por ele". Aqui, é impossível considerar o corpo como uma mera coincidência com ele próprio. Se há indivisão da carne, esta é incompossível. A reversibilidade da carne do corpo próprio nos coloca no caminho dessa incompossibilidade, tendo em vista que a mão tocante está sempre a ponto de se tornar tocada, e, a mão tocada, a ponto de se tornar a que toca, pelo fato de que as duas mãos são já presentes no mundo (MERLEAU-PONTY, 1992b, p. 177-178).

A noção de carne nos conduz à compreensão radical de que todo corpo é animado não somente por necessidades, mas, sobretudo, por desejos, que nascem de relações intercorpóreas que estabelecemos no mundo sensível. Perceber, segundo a perspectiva da carne, é buscar considerar o que se entrelaça. O deslocamento da reflexão da fenomenologia para a ontologia conduziu Merleau-Ponty para uma instância pré-reflexiva e pré-objetiva da existência do mundo, que revela uma familiaridade originária entre a experiência perceptiva do corpo e as estruturas ontológicas do mundo sensível.

A perspectiva, adotada por Merleau-Ponty para formular sua ontologia da carne, é fugir de toda forma de constituição prévia do mundo para atingir o coração da experiência originária do mundo como imanente ao sensível. A interrogação filosófica tem seu nascedouro na experiência que marca nossa adesão misteriosa ao mundo sensível. É por essa razão que a Filosofia é, considerada por Merleau-Ponty, interrogação perene. Segundo Merleau-Ponty, nossa carne e a do mundo comportam, portanto, áreas claras em volta das quais giram áreas opacas. É por esse motivo que ele diz que a visibilidade primeira, aquela dos *quales* das coisas, não se realiza sem uma visibilidade segunda, a das linhas de força e das dimensões. Na percepção, a relação de duplo envolvimento de um percebido e do sujeito que percebe não anula o duplo envolvimento do corpo e do mundo. Portanto, manter uma relação com algo já é manter uma relação permanente com o mundo que se constitui carne pelas múltiplas relações intercorpóreas.

A carne como tecido comum do mundo e do corpo abre uma perspectiva filosófica para se pensar nossa coesão secreta e permanente com o mundo sensível que revela os nossos desejos mais secretos. O arcaico e o selvagem nunca são superados; eles se atualizam na historicidade da vida humana. Eis o desafio do filósofo: pensar o atual, considerando a presença da sombra sensível, que é o ponto de partida de onde nunca se pode escapar. A serenidade do pensar filosófico se renova na possibilidade de se buscar sempre novos pontos de vista sobre o mundo, possibilitado pelo corpo que se faz carne com o mundo sensível. Nesse sentido, com Merleau-Ponty, o pensar filosófico nunca mais pode ser produzido como uma proteção impermeável para se livrar da presença sensível. É a experiência de ser corpo como carne do mundo o foco das atenções filosóficas de Merleau-Ponty. O imprevisível de uma percepção renovada nasce da certeza de que o ato de filosofar nunca pode se apartar do sensível. Talvez considerando o sensível em sua radicalidade como presença insuperável, possamos abrir novos caminhos que tragam ventos de esperança para renovar a Filosofia. "Ressensorializar" a atividade filosófica é o grande desafio de Merleau-Ponty. Tal desafio visa retirar o filosofar das repetições esquemáticas e colocá-lo no âmbito da ação criativa. No lugar de desapegar-se da percepção, o chamado aqui é para se deixar contagiar pela percepção.

Conclusão

Merleau-Ponty propõe considerar como ponto de partida para o exercício filosófico o mundo revelado de maneira direta pela percepção. Essa perspectiva acompanhará o filósofo durante toda sua trajetória intelectual. Seguindo os passos nessa direção, o que nos faz existir, no sentido originário, não é o pensar, mas o sentir. Contrariando Descartes, poderíamos dizer: sinto, logo existo. Essa posição nos abre novos horizontes para o labor do pensamento filosófico com todos os riscos que corremos de destacar o corpo como carne do mundo no lugar de realçar o intelecto.

Estar no mundo como corpo nos habilita a considerar a percepção como primado de toda e qualquer forma de conhecimento. Merleau-Ponty sempre recusou a ideia de que fosse possível reconstruir de fora a percepção a partir do percebido, considerado objetivamente estabelecido. A primazia da percepção significa, entre outras coisas, que a percepção não pode ser entendida de fora, desconsiderando a experiência de perceber o mundo por meio do corpo. Desse modo, a percepção é sempre nosso primeiro contato com o mundo, vivido intencionalmente pelo corpo. Esse é o lema da filosofia de Merleau-Ponty.

Instauramos primeiramente com o mundo, por meio do corpo, uma relação sensível. Pensar desse modo tem grandes consequências para se construir reflexões filosóficas. Primeiramente, é preciso conceber que antes de toda reflexão existe uma experiência irrefletida do mundo. A reflexão não deve permanecer girando sobre si mesma, rejeitando as suas origens, ou seja, sua subordinação para com uma vida irrefletida. Nesse sentido, pode-se falar do ato de refletir, por parte do sujeito que percebe, desde que não se considere a reflexão como uma oposição ao irrefletido. Devemos, então, compreender a reflexão como dando origem ao irrefletido mais do que sendo o seu contrário.

Devemos compreender que não se deve, de maneira alguma, voltar à percepção ela mesma sem se dar conta de que ela é uma experiência renovada de uma vida irrefletida, que se manifesta como abertura permanente para o mundo. Desse modo, o retorno às próprias coisas significa, para Merleau-Ponty, retornar à experiência da coisa percebida, o que torna irredutível a coisa a uma realidade em si; e, ao mesmo tempo, voltar à presença do aparecer da coisa percebida, o que torna irredutível a consciência a uma realidade para si.

Uma segunda consequência de se admitir que a percepção é responsável pelo nossos primeiro contato com o mundo por meio do corpo é considerar que, originariamente, temos com o mundo uma relação espontânea. Dessa compreensão deriva a ideia de que nosso corpo estabelece com o mundo um contato marcado pela expressão criativa. O mecanicismo do corpo considerado como máquina é profundamente questionado por Merleau-Ponty. Ele insiste em dizer que nosso corpo é massa trabalhada que se faz gesto. Logo ele é, ao mesmo tempo, massa e comportamento expressivo.

Dessas duas consequências deriva uma ressignificação do sentido do humano. Enquanto ser humano, nosso corpo se entrelaça com a natureza e a cultura. Não podemos identificar com precisão onde se localiza a potência expressiva do corpo. A tendência tradicional que destaca a vida humana acaba separando natureza e cultura. O corpo é antes de tudo expressão de vida e, enquanto tal, está sempre se reinventando. Para Merleau-Ponty, não se pode pensar o humano desvinculado de uma ordem vital já instituída naturalmente. Falar de vida humana desprovida de uma vitalidade provinda de um tempo primordial é purificá-la de toda intimidade com o sensível já carregado de sentido. O vital e o simbólico se entrecruzam formando um misterioso parentesco.

Integrando ato perceptivo e mundo sensível, Merleau-Ponty nos faz redescobrir a experiência de perplexidade, que renova constantemente nossa experiência do mundo. O filósofo não compreende o mundo como uma realidade distante a ser explicada por pontos de vista teóricos que desconsideram a nossa condição de já se ter acesso ao mundo por meio da percepção. Nossa forma primeva de ser no mundo pelo corpo nos faz sempre reaprender a perceber o mundo. Os movimentos do corpo enquanto vida que pulsa no mundo sensível nos possibilita, efetivamente, ter percepções dinâmicas, abertas e plurais. Faz-nos perceber a condição humana como ser interrogante e capaz de elaborar múltiplas perspectivas, que se renovam e se intensificam pela percepção do corpo.

A questão da percepção nos permite interrogar o sentido de ser daquilo que é, a partir da experiência de ser como abertura às coisas que estão lá por meio do corpo. Existe um problema ontológico que é evocado pela certeza sensível que nos dá acesso originário às coisas através da percepção enquanto crença incontestável de que existe mundo. Isso não significa considerar que a experiência de perceber é uma apreensão à distância fornecedora de um suporte sensível à aspiração metafísica que pretende pensar o ser enquanto tal, mas tratar a percepção como o estabelecimento de uma relação originária com o mundo. Se a percepção é a experiência irrecusável que nos dá acesso ao aparecimento prévio do mundo anterior a toda determinação objetiva, ela é, incontestavelmente, vivida como experiência de iniciação ao ser pelo corpo.

O corpo como carne do mundo revela a indicação de uma ontologia que revela nossa aderência medular ao mundo sensível. Com tal indicação, Merleau-Ponty se lança na aventura de pensar a vida humana para além do racionalismo filosófico e do empirismo científico, concebidos como perspectivas distintas e separadas em relação aos conhecimentos acerca do mundo. Encontramos na filosofia da carne de Merleau-Ponty a vitalidade para redescobrir a força do filosofar enquanto viver interrogativo e criativo. Apropriar-se da tradição filosófica é necessário para a tarefa do filosofar, mas tal apropriação não é suficiente. É indispensável contar com a nossa condição primeira de ser no mundo como corpo para poder, por meio da percepção, viver a atitude de elaborar formas de existir enquanto expressão criativa e interrogativa a partir do já instituído. Em tempos de muita falta de sentido para existir, a filosofia de Merleau-Ponty pode ser um sinal de esperança na medida em que se aposta na força da sensibilidade como forma de se reaprender permanentemente o mundo.

Referências

BARBARAS, R. *Le désir et la distance* – Introduction à une phénoménologie de la perception. Paris: Vrin, 1999.

_____. *Le tournant de l'expérience* – Recherches sur la philosophie de Merleau-Ponty. Paris: Vrin, 1998.

_____. *La perception*: essai sur le sensible. Paris: Hatier, 1994.

_____. Motricité et phénoménalité chez le dernier Merleau-Ponty. In: RICHIR, M. & TASSIN, É. *Merleau-Ponty, phénoménologie et expérience*. Grenoble: Jérôme Millon, 1992.

_____. Phénoménalité et signification dans le visible et l'invisible. *Les Cahiers de Philosophie*, n. 7, 1989.

BEAUVOIR, S. *Mémoires d'une jeune fille rangée*. Paris: Gallimard, 1988.

BERNET, R. Le sujet dans la nature: Réflexion sur la phénoménologie chez Merleau-Ponty. In: RICHIR, M. & TASSIN, É. *Merleau-Ponty, phénoménologie et expérience*. Grenoble: Jérôme Millon, 1992.

BINSWANGER, L. *Introduction à l'analyse existentielle*. Paris: Minuit, 1971 [Trad. Jacqueline Verdeaux & Roland Kuhn].

CAUQUELIN, A. *L'Invention du paysage*. Paris: Plon, 1989.

CHARCOSSET, J.-P. *Merleau-Ponty* – Approches phénoménologiques. Paris: Hachette, 1989.

COELHO JÚNIOR, N. & DO CARMO, P.S. *Merleau-Ponty*: filosofia como corpo e existência. São Paulo: Escuta, 1991.

DESANTI, J.-T. En souvenir de Maurice Merleau-Ponty – Réflexions en marge de le visible et l'invisible. *Les Cahiers de Philosophie*, n. 7, 1989.

DE WAELHENS, A. La phénoménologie du corps. *Revue Philosophique de Louvain*, t. 48, 1950.

FERRIER, J.-L. *L'homme dans le monde*. Neuchâtel: La Baconnière, 1957.

FLORIVAL, G. Structure, origine et affectivité. *Revue Philosophique de Louvain*, t. 77, 1979.

FONTAINE-DE VISSCHER, L. *Phénomène ou structure?* – Essai sur le langage chez Merleau-Ponty. Bruxelas: Facultés Universitaires Saint-Louis, 1974.

GÉLY, R. *La genèse du sentir*: essai sur Merleau-Ponty. Bruxelas: Ousia, 2000.

HEIDEGGER, M. *Être et temps*. Paris: Gallimard, 1986 [Trad. François Verzin].

_____. *Chemins qui ne mènent nulle part*. Paris: Gallimard, 1962 [Trad. Wolfgang Brokmeier].

HUSSERL, E. *Recherches phénoménologiques pour la constitution* – Idées directrices pour une phénoménologie et une philosophie phénoménologique pures. Livro II. Paris: PUF, 1982 [Trad. Eliane Escoubas].

KLEE, P. *Théorie de l'art moderne*. Paris: Denoël, 1998 [Trad. Pierre-Henri Gonthier].

LACAN, J. Maurice Merleau-Ponty. *Les Temps Modernes*, n. 184-185, 1961.

MADISON, G.B. *La phénoménologie de Merleau--Ponty* – Une recherche des limites de la conscience. Paris: Klincksieck, 1973.

MATTHEWS, E. *Mente*: conceitos-chave em filosofia. Porto Alegre: Artmed, 2007.

MERLEAU-PONTY, M. *Merleau-Ponty à la Sorbonne*: Résumés de cours 1949-1952. Grenoble: Cynara, 1998.

_____. *Phénoménologie de la perception*. Paris: Gallimard, 1992a [1. ed.: 1945].

_____. *L'Oeil et l'esprit*. Paris: Gallimard, 1992b [1. ed.: 1961].

_____. *Éloge de la philosophie*. Paris: Gallimard, 1991a [1. ed.: 1953].

_____. *Le visible et l'invisible*. Paris: Gallimard, 1991b [1. ed.: 1964].

_____ *La structure du comportement*. Paris: PUF, 1990 [1. ed.: 1942].

_____. *Le primat de la perception et ses conséquences philosophiques*. Grenoble: Cynara, 1989 [1. ed.: 1946].

_____. *Sens et non-sens*. Paris: Nagel, 1966 [1. ed.: 1948].

MINKOWSKI, E. *Vers une cosmologie*: Fragments philosophiques. Paris: Aubier-Montaigne, 1967.

RICHIR, M. Merleau-Ponty. Un tout nouveau rapport à la psychanalyse. *Les Cahiers de Philosophie*, n. 7, 1989.

RICOEUR, P. Hommage à Merleau-Ponty. *Esprit*, n. 26, 1961.

ROBINET, A. *Merleau-Ponty*. Paris: PUF, 1970.

THIERRY, Y. Situation du philosophe. *Les Cahiers de Philosophie*, n. 7, 1989.

THINES, G. *Phénoménologie et science du comportement*. Liège: Pierre Mardaga, 1980 [Trad. Agnès Lempereur].

TRÉGUIER, J.-M. *Le corps selon la chair*. Paris: Kimé, 1996.

VAN PEURSEN, C.A. *Le corps-l'âme-l'esprit*. Haia: Martinus Nijhoff, 1979 [Trad. Marie Claes].

WAHL, J. Cette pensée... *Les Temps Modernes*, n. 184-185, 1961.

_____. *Poésie, pensée, perception*. Paris: Calmann--Lévy, 1948.

COLEÇÃO 10 LIÇÕES

- *10 lições sobre Kant*
  Flamarion Tavares Leite
- *10 lições sobre Marx*
  Fernando Magalhães
- *10 lições sobre Maquiavel*
  Vinícius Soares de Campos Barros
- *10 lições sobre Bodin*
  Alberto Ribeiro G. de Barros
- *10 lições sobre Hegel*
  Deyve Redyson
- *10 lições sobre Schopenhauer*
  Fernando J.S. Monteiro
- *10 lições sobre Santo Agostinho*
  Marcos Roberto Nunes Costa
- *10 lições sobre Foucault*
  André Constantino Yazbek
- *10 lições sobre Rousseau*
  Rômulo de Araújo Lima
- *10 lições sobre Hannah Arendt*
  Luciano Oliveira
- *10 lições sobre Hume*
  Marconi Pequeno
- *10 lições sobre Carl Schmitt*
  Agassiz Almeida Filho
- *10 lições sobre Hobbes*
  Fernando Magalhães
- *10 lições sobre Heidegger*
  Roberto S. Kahlmeyer-Mertens
- *10 lições sobre Walter Benjamin*
  Renato Franco
- *10 lições sobre Adorno*
  Antonio Zuin, Bruno Pucci e Luiz Nabuco Lastoria
- *10 lições sobre Leibniz*
  André Chagas
- *10 lições sobre Max Weber*
  Luciano Albino
- *10 lições sobre Bobbio*
  Giuseppe Tosi

- *10 lições sobre Luhmann*
  Artur Stamford da Silva
- *10 lições sobre Fichte*
  Danilo Vaz-Curado R.M. Costa
- *10 lições sobre Gadamer*
  Roberto S. Kahlmeyer-Mertens
- *10 lições sobre Horkheimer*
  Ari Fernando Maia, Divino José da Silva e Sinésio Ferraz Bueno
- *10 lições sobre Wittgenstein*
  Gerson Francisco de Arruda Júnior
- *10 lições sobre Nietzsche*
  João Evangelista Tude de Melo Neto
- *10 lições sobre Pascal*
  Ricardo Vinícius Ibañez Mantovani
- *10 lições sobre Sloterdijk*
  Paulo Ghiraldelli Júnior
- *10 lições sobre Bourdieu*
  José Marciano Monteiro
- *10 lições sobre Merleau-Ponty*
  Iraquitan de Oliveira Caminha
- *10 lições sobre Rawls*
  Newton de Oliveira Lima
- *10 lições sobre Sócrates*
  Paulo Ghiraldelli Júnior
- *10 lições sobre Scheler*
  Roberto S. Kahlmeyer-Mertens
- *10 lições sobre Kierkegaard*
  Jonas Roos
- *10 lições sobre Goffman*
  Luís Mauro Sá Martino

Coleção Chaves de Leitura
Coordenador: Robinson dos Santos

A Coleção se propõe a oferecer "chaves de leitura" às principais obras filosóficas de todos os tempos, da Antiguidade Grega à Era Moderna e aos contemporâneos. Distingue-se ela do padrão de outras introduções por ter em perspectiva a exposição clara e sucinta das ideias-chave, dos principais temas presentes na obra e dos argumentos desenvolvidos pelo autor. Ao mesmo tempo, não abre mão do contexto histórico e da herança filosófica que lhe é pertinente. As obras da Coleção Chaves de Leitura, não pressupõem um conhecimento filosófico prévio, atendendo, dessa forma, perfeitamente ao estudante de graduação e ao leitor interessado em conhecer e estudar os grandes clássicos da Filosofia.

Coleção Chaves de Leitura:

- *Fundamentação da metafísica dos costumes – Uma chave de leitura*
  Sally Sedgwick

- *Fenomenologia do espírito – Uma chave de leitura*
  Ralf Ludwig

- *O príncipe – Uma chave de leitura*
  Miguel Vatter

- *Assim falava Zaratustra – Uma chave de leitura*
  Rüdiger Schmidt e Cord Spreckelsen

- *A república – Uma chave de leitura*
  Nickolas Pappas

- *Ser e tempo – Uma chave de leitura*
  Paul Gorner